Waltraud-Maria Hulke

DAS FARBEN HEILBUCH

Der praktische Umgang mit Farben
und ihre Wirkung auf
Körper, Seele und Geist

WINDPFERD
Verlagsgesellschaft mbH.

Es ist natürlich selbstverständlich, daß bei ernsthaften Erkrankungen ärztliche Hilfe unumgänglich ist, und daß in einem solchen Fall eine Selbstbehandlung sogar lebensgefährlich werden kann.
Was hier gesagt und geraten wird, soll also keinesfalls den Arzt oder Heilpraktiker ersetzen, sondern es will vielmehr das Allgemeinwissen und den Wert natürlicher Heilkräfte erweitern, damit man sich bei Bedarf mit einfachen, natürlichen Mitteln selbst helfen kann.
Die Autorin und der Verlag können jedoch keine Haftung für Folgen aus dem richtigen oder unrichtigen Gebrauch der hier dargestellten Methoden und Rezepte übernehmen.

6. Auflage 1997

Umschlaggestaltung: Monika Jünemann, unter Verwendung einer Abbildung von Peter Erhardt
Zeichnungen im Innenteil: Waltraud-Maria Hulke (Seite 23) und Peter Erhardt (Seite 122)
Gesamtherstellung: Schneelöwe, Aitrang

ISBN 3-89385-071-6

Printed in Germany

Alles, was lebt, lebt im Licht,
alles, was existiert, strahlt Licht aus.
Alle Dinge empfangen ihr Leben vom Licht,
und dieses Licht ist in seiner Wurzel
selbst Leben.

Paracelsus

[redacted]

Inhaltsverzeichnis

Vorwort

Licht und Farbe, zwei Elementarbegriffe, die untrennbar mit unserem Leben verbunden sind, denn sie bedeuten für uns energiereiche Lebensimpulse und sind damit die Grundlage für ein schönes, erfülltes Leben in Harmonie, Gesundheit und Wohlbefinden. Licht und Farben beeinflussen unser Dasein in vielfacher Form und in umfassender Weise, denn sie sind Erscheinungen, die unser Gemüt bewegen und damit auch unsere Stimmung und Lebensenergie »färben«. Unsere Sichtweise und die Einstellung, die wir zu unserem Leben haben, haben nämlich ganz entscheidend mit der »Färbung« zu tun, mit der wir innerlich erfüllt sind und die wir über unser feinstoffliches Energiefeld, die Aura, ausstrahlen.

So kommt es auch, daß der Blick manchmal getrübt ist und man alles »grau in grau« sieht - oder aber - daß einem alles leuchtend und bunt erscheint und damit schön und lebenswert. Diese zwei extremen Stimmungen unterscheiden sich in einem ganz entscheidenden Punkt voneinander, nämlich im Fehlen oder Vorhandensein von ***Licht***, das in jedem Atom unseres Seins eine ganz große Bedeutung hat und das den gewaltigen Unterschied zwischen »himmelhoch jauchzend« und »zu Tode betrübt« ausmacht.

Licht, und damit auch die sieben Regenbogenfarben, die im weißen Licht der Sonne enthalten sind, haben auf unser körperliches und seelisches Befinden einen großen Einfluß und spielen auch eine ganz entscheidende Rolle, wenn man bedenkt, daß wir keinen einzigen Gedanken fassen können, ohne dabei auch gleichzeitig die ihm entsprechende Farbschwingung zu erzeugen.

Gedanken und Gefühle, ganz gleich welcher Art, lösen nämlich elektromagnetische Schwingungen aus, die das feinstoffliche Energiesystem ununterbrochen beeinflussen und damit die energetischen Schwingungen verändern, was gleichzeitig mit einem Wechsel der farbigen Vibrationen unserer Aura verbunden ist.

Licht und Farben tragen ganz gewaltige, spezifische Energien in sich, die dazu imstande sind, unsere inneren Kräfte aufzuladen oder harmonisch auszugleichen, um damit Gesundheit und Lebensfreude zu gewährleisten.

Im Zentrum jedes Atoms unseres Körpers ist dieses Licht mit allen seinen sieben Farben vorhanden. Dunkle, negative Gedanken, Angst und Unwahrheit beeinträchtigen dieses Licht, schwächen es und bringen es mitunter ganz zum Erlöschen, was sich dann in körperlichen und seelischen Leiden ausdrückt. Wenn der Geist jedoch von lichtvollen Gedanken erfüllt ist, dann »erleuchtet« auch der Körper, und davon strömt eine Heilkraft aus, die alles mit ihrer gewaltigen Energie durchdringt und erfüllt.

Das Licht und seine sieben Farben sind in uns auf wunderbare Weise wirksam, denn sie durchleuchten unser ganzes Wesen und entfalten damit sowohl auf körperlicher, als auch auf geistiger Ebene ihre heilsame Wirkung.

Uraltes Wissen vermittelt uns, daß der ganze Kosmos siebenfältiger Art ist und diese kosmischen Urkräfte es sind, die in den sieben Farbstrahlen des Sonnenspektrums in unermeßlich feinen und vielfältigen Schwingungen enthalten sind, und die mit ihrem Energiereichtum alles durchdringen und beeinflussen.

»Farben sind das Lächeln der Natur«, sagte J. Hunt. Diesem strahlenden Lächeln begegnen wir immer und überall in unserem Leben auf eindrucksvolle Weise. Sei es der glühend orangerote Sonnenuntergang, das Feld leuchtend gelber Sonnenblumen, die satten, grünen Frühlingswiesen, das tiefe Blau eines wolkenlosen Himmels, der sich in wohltuender Ruhe und grenzenloser Weite über uns auftut, oder das strahlende, siebenfarbige Leuchten des Regenbogens in seiner eindrucksvollen Schönheit all das sind Farbeindrücke, die eine tiefgreifende Wirkung auf uns ausüben.

Das Lächeln der Natur, es drückt sich in einer Farbenpracht aus, die unser Herz berührt und bewegt aber hinter diesen wunderbaren Eindrücken liegt noch weit mehr verborgen, denn sie lösen in uns viel mehr aus, als die bloße Bewunderung, die wir ihnen entgegenbringen.

Wir nehmen die Farbreize nämlich nicht allein mit unseren Augen auf, um uns an ihnen zu erfreuen, sondern mit allen unseren Sinnen.

Farbschwingungen beinhalten eine unermeßliche Fülle kleinster Reize, die unseren Zellen die jeweils benötigten Lebensimpulse zuführen, und die uns ein ausgewogenes, harmonisches Energiepotential gewährleisten, das die Grundlage für Gesundheit, Vitalität und Lebensfreude darstellt.

Die sieben großen Farbstrahlen aus dem Sonnenspektrum spielen also eine ganz dominierende Rolle in unserem Leben und sie sind demnach ein unermeßlicher Segen und eine sehr wirkungsvolle Hilfe, wenn wir ihnen unser Bewußtsein öffnen und sie in unser Leben einfließen lassen. »Der Mensch empfindet im allgemeinen eine große Freude an Farben. Das Auge bedarf ihrer, wie es des Lichtes bedarf«, sagte Goethe.

Auch ich habe diese Freude immer wieder sehr eindrucksvoll empfunden, denn die Welt der Farben hat mich tief berührt und beflügelt und mir schließlich ganz neue Dimensionen eröffnet, die in einer Fülle von Licht einen gewaltigen Höhepunkt gefunden haben.

Ich bin glücklich und dankbar, daß ich dieses Licht weitertragen darf und ich hoffe, damit die großartige Erkenntnis zu vermitteln, daß wir alle von diesem universellen Licht erfüllt sind und daß es ganz allein in unserer eigenen Hand liegt, es zum Strahlen zu bringen, damit es alle Finsternis unseres irdischen Daseins durchdringen möge und uns einhüllt in einen farbig leuchtenden Mantel, der uns wärmt und schützt.

Waltraud-Maria Hulke
Hamburg, am 11. Dezember 1990

Die Bedeutung von Licht und Farbe für Körper und Seele

»Es werde Licht«, steht am Beginn der Schöpfungsgeschichte, »... und es ward Licht«.

Licht ist geistig gesehen ein anderes Wort für Leben. Reines, weißes Licht war der Anfang allen Lebens, die Voraussetzung für jegliche Form organischer Existenz. Es ist gleichzeitig auch die erhaltende Kraft aller Lebewesen, das Fundament allen Seins. Licht ist Leben und Leben ist Licht! Der Ursprung des Lichts ist die gewaltige, kosmische Energie, die Urquelle aller Energien, die Sonne.

Die antike Lehre besagt, daß das Universum aus dem kosmischen Urfeuer entstanden ist, aus dem großen, weißen Licht, das als eine göttliche Verkündigung anzusehen ist, da Gott der Ursprung allen Lichts ist.

Leben und Licht stehen also in einem ganz unmittelbaren Zusammenhang, und das gleiche gilt auch für Licht und Farben, die untrennbar miteinander verbunden sind, denn die Farben sind die »Kinder« des weißen Lichts und damit seine lebendige Ausdrucksform. Sie sind strahlende Erscheinungen, erfüllt mit unermeßlichen Energien.

Farben sind demnach verschiedene Formen des weißen Lichts, das alle sieben Farben des Regenbogens in sich vereinigt: Rot - Orange - Gelb - Grün - Blau - Indigo -Violett.

Lichtstrahlen haben eine grundlegende Bedeutung für unsere Gesundheit und unser allgemeines Wohlbefinden, denn sie durchdringen mit ihrer Energie jede Zelle unseres Körpers und bewirken dadurch bestimmte, molekulare Reaktionen, die als

Grundlage körperlicher und seelischer Ausgewogenheit notwendig sind.

Jegliche Form von Leben hängt von der Existenz des Lichts und damit auch gleichzeitig von der gewaltigen Energie der Farben ab. Es sind Kräfte, die uns immer und überall mit ihrer einflußreichen Wirkung umgeben und damit tiefgreifende Reaktionen auf unser Denken und Fühlen haben. Das ist deshalb der Fall, weil die Energiestrahlung Farbe in uns Empfindungen auslöst, die von Körper, Geist und Seele gleichermaßen aufgenommen werden, und die damit das körperliche und seelische Wohlbefinden ganz entscheidend beeinflussen können.

Lichtstrahlen sind Kräfte, die mit ihren Schwingungen die ganze Erde in unerschöpfliche Energien hüllen.

Diese Gesetzmäßigkeit hat sowohl für den Makrokosmos, als auch für den Mikrokosmos ihre absolute Gültigkeit und das bedeutet, daß dieselben Strahlen und dieselben Energien alles Leben umgeben, durchdringen und damit beeinflussen.

Wir sind also ständig von Lichtstrahlen und somit auch gleichzeitig von Farben umgeben, die für uns eine gewaltige Kraftquelle darstellen, dennn Farben sind feinste Sonnenenergien, die unseren gesamten Organismus durchstrahlen, farbig erleuchten und energetisch versorgen.

Sie bringen die elektromagnetischen Kräfte des Sonnenlichts in unserem Körper voll zur Entfaltung und sind damit eine kosmische Kraftquelle, die Gesundheit und Ausgewogenheit vermittelt. Wenn diese Energie fehlt, oder nicht ausreichend im Organismus vorhanden ist, dann ist das harmonische Gleichgewicht gestört und der einwandfreie Ablauf der Körperfunktionen behindert. Die gewaltige, kosmische Ordnung findet sich somit auch in den kleinsten Bausteinen des Lebens, in den Zellen unseres Körpers, wieder.

Die Übermittlung des Lebens zwischen außen und innen erfolgt über die Sinnesorgane, besonders jedoch über die Haut. Sie nimmt die Schwingungsinformationen von außen her auf, verstärkt sie und leitet sie dann in das Innere des Körpers weiter. Bei Heilanwendungen wie Massage, Akupunktur, Farbtherapie u. a. kommt der auslösende Reiz immer von außen über die Haut, um damit im Inneren eine Wirkung zu erzielen. Das hermetische Gesetz »Wie oben - so unten« findet hier eine deutliche Entsprechung.

Die Energien der Farben vermitteln uns aufbauende, harmonisierende und regenerierende Kräfte, regen damit die Vitalenergie an, beeinflussen Nerven, Drüsen und Organe und haben darüber hinaus auch einen ganz bedeutenden Einfluß auf die Psyche.

Es ist aber nicht nur das Licht und die Farben, die wir für unser Leben brauchen, sondern es sind auch die vielen daraus resultierenden Schwingungen, denen wir ständig ausgesetzt sind und die uns unmittelbar beeinflussen, obwohl wir die meisten davon mit unseren Sinnen gar nicht bewußt wahrnehmen.

Der Schwingungscharakter unserer gesamten Umwelt spiegelt sich also ganz getreu in jeder Zelle unseres Körpers wieder. Ein Mangel an Licht und Farben führt dazu, daß es zu einer allmählichen Entgleisung normaler Körperfunktionen kommt, da es dadurch an gewissen Elementen im Blut fehlt, was schließlich Krankheiten und Unbehagen auslöst.

Mit der Energie der Farben ist es möglich, nicht nur auf körperlicher, sondern auch auf psychischer Ebene äußerst positive Veränderungen herbeizuführen und das allgemeine Befinden entscheidend zu verbessern, denn unser Körper ist dann gesund und leistungsfähig, wenn innerhalb seiner Grenzen ein ausgewogenes, harmonisches Energiepotential vorhanden ist.

Die 7 Farbstrahlen aus dem Sonnenspektrum tragen ganz spezifische Energien und Heileigenschaften in sich, die dazu imstande sind, einen Ausgleich in unserem Energiesystem herzustellen und damit Gesundheit und Wohlbefinden zu gewährleisten.

Das geheimnisvolle Wunder der sieben Regenbogenfarben ist damit in uns allen wirksam, denn in jeder Zelle unseres Körpers sind diese sieben Farben vorhanden und entfalten dort ihre heilsame Wirkung - sowohl auf geistiger als auch auf körperlicher Ebene.

Die Anwendung von Licht und Farben im Altertum

Viele große Kulturen des Altertums pflegten den Sonnenkult und glaubten an die überirdische Heilkraft der Sonne. Sie sahen in ihr etwas Allmächtiges, Göttliches. »Laßt das Licht leuchten!« war der Ruf der Hohepriester und Hohepriesterinnen, wenn sie in den Sonnentempeln ihre Zeremonien abhielten.

In den griechischen Tempeln hüteten die Vestalinnen die Flamme auf dem Altar, die als Wahrzeichen die Sonne verkörperte. Wenn diese Flamme erlosch, mußte auch ihr Leben erlöschen.

In Sonnenaufgangszeremonien wandte man sich dem Licht entgegen, die Menschen lobten Gott und dankten für den neuen Tag. Sie »atmeten« das Licht als die allesdurchflutende Lebenskraft und nahmen damit die Strahlung des Sonnenlogos in sich auf, um dadurch Stärkung und Erleuchtung zu erfahren. Die Menschen damaliger Epochen standen den Naturkräften sehr nahe und verehrten die Kraft und Macht des Lichtes.

Ihre Feldfrüchte pflanzten sie nur in Übereinstimmung mit dem Licht, in dem Wissen, daß dieses auch die Substanz der Erde durchflutet, die nicht dunkel und leblos ist, sondern in ihrer physikalischen Materie Licht in sich trägt.

Hipprokates, der große Arzt des Altertums war von der Heilkraft der Sonne ebenso überzeugt und empfahl sie als ein besonders wirkungsvolles Heilmittel. Aber auch die einzelnen Farbstrahlen wurden in ihrer heilsamen Wirkung erkannt und eingesetzt. Die Anwendung der Farben zählt zu den ältesten Formen der Heilbehandlung, denn wie man aus archäologischen Funden weiß, wurde der Zusammenhang zwischen Leben und Farben schon vor mehr als 10.000 Jahren dokumentiert. Farbheilung soll es schon in Atlantis gegeben haben. Nur auserwählten, hohen Priestern war die Behandlung der Kranken vorbehalten, denn das Wissen um die Heilkraft der Farben galt als Geheimwissenschaft und wurde nur an Eingeweihte der großen Mysterien weitergegeben.

Auch die ägyptischen Priester, die das esoterische Wissen und die großen Weisheiten einer untergegangenen Epoche besaßen, wandten das Gesetz der siebenfarbigen Energien aus dem Sonnenspektrum an. In Ägypten baute man Farbtempel, deren sieben Räume von je einem der sieben Farbstrahlen beherrscht wurden. Von den Pyramiden führte ein heiliger Weg zu den Sonnenlicht-Heiltempeln von Helios. Dort wurden körperliche und seelische Leiden mit Hilfe von Farben behandelt und die Vertiefung spirituellen Verstehens gepflegt. Vieles vom Wissen der alten Ägypter wurde in den Schriften von Hermes Trismegistos niedergelegt. Auch die Heilkunst mit Farben zählt zu den hermetischen Wissenschaften und wurde sehr deutlich in ihren vielfältigen Formen beschrieben.

In den alten Kulturen der Chinesen glaubte man ebenso an die Heilkraft der Farben und setzte sie zur Wiederherstellung von Gesundheit und Lebenskraft ein. Alle Grundelemente der alten, orientalischen Heilkunst hatten den Ausgleich der Energien, die »heilende Harmonie«, zum Ziel. Farbenergien wurden eingesetzt, um das ausgewogene Gleichgewicht, welches die Voraussetzung für körperliches und seelisches Wohlbefinden darstellt, zu erzielen.

Pythagoras (580-496 v. Ch.), ein bedeutender Gelehrter seiner Zeit, stellte im Zusammenhang mit Farben den Lehrsatz auf, daß die drei Grundfarben Rot, Gelb und Blau mit Körper, Geist und Seele des Menschen in einem engen Zusammenhang stehen, und daß diese dreifache Kraft eine unmittelbare Wirkung auf die menschliche Entfaltung und Gesundheit hat.

Aber auch in der Schönheitspflege spielten die Farben in alter Zeit bereits eine bedeutende Rolle. Es wird berichtet, daß die um 1350 v. Ch. lebende Pharaonin Nofretete einen besonderen Kult betrieben hat, um sich ihre Schönheit und ihr Wohlbefinden zu erhalten und daß sie damals bereits viele Geheimnisse kannte, die auch das Wissen um die Wirkung der einzelnen Farben beinhaltet haben. Sie ließ sich von ihrem Hofmedicus Emu-moro verschiedenfarbige Badeöle zubereiten, um das Badewasser rot, grün oder blau zu färben. Sollte das Bad besonders anregend sein, wurde es mit Purpur gefärbt; erfrischende oder beruhigende Bäder erhielten eine grüne oder blaue Färbung.

Daraus können wir erkennen, daß man schon damals um die spezielle Wirkung der Farben wußte und ihren anregenden, beruhigenden und harmonisierenden Effekt sehr wirkungsvoll zu nutzen verstand.

Die Erforschung der Farbenenergie

Obwohl die Anwendung der Farben so weit zurückreicht, konnte ihr Wesen und ihre Wirkungsweise lange nicht erklärt werden. Das galt auch für Paracelsus (1493-1541), der in seiner Zeit bahnbrechend in der naturwissenschaftlichen Heilkunde war. Er hatte die Wichtigkeit der Farben für die Medizin erkannt und sie in Verbindung mit den Planeten gebracht.

Erst dem genialen englischen Physiker, Mathematiker und Astronom Sir Isaac Newton (1643-1737), der als Begründer der klassischen Physik angesehen wird, gelang mit seinem Prismenversuch die Zerlegung des weißen Lichtes in seine sieben Spektralfarben. Das von ihm aufgestellte Naturgesetz besagt folgendes: »Wenn Licht auf ein Prisma trifft, so erscheint es in den Farben des Regenbogens und wenn man die Farben dann wieder durch ein umgekehrt stehendes Prisma fallen läßt, so vereinigen sich diese erneut zu weißem Licht.«

Durch das Prisma erfolgte also eine Biegung der Sonnenstrahlen und dadurch erschien das ursprünglich weiße Licht als siebenfarbiges Band in den Regenbogenfarben.

Newton schuf mit seiner Entdeckung eine stabile Grundlage, auf der nach ihm viele Forscher auf dem Gebiet der Farbenkunde aufbauen konnten.

Etwa 100 Jahre später suchte Goethe (1749-1832) die Natur der Farben zu ergründen und forschte nach ihrer speziellen Wirkung auf den Menschen. Er kam dabei zu der Erkenntnis, daß die Farben die menschliche Psyche beeinflussen und daß zwischen Farben und Empfindungen ein enger Zusammenhang besteht. Er betrachtete seine im Jahre 1810 aufgestellte Farbenlehre als sein Lebenswerk und hielt sie für noch bedeutungsvoller als sein literarisches Schaffen. Er sagte dazu: »Auf alles, was ich als Dichter geleistet habe, bilde ich mir gar nichts ein. Es hat berühmte und große Dichter vor mir gegeben und es wird sie nach mir geben. Aber, daß ich in meinem Jahrhundert der einzige bin, der das wahre Wesen der Farben erkannt hat, darauf tue ich mir etwas zugute.«

Er hatte mit dieser Feststellung absolut recht, denn seine Farbenlehre verlieh der hohen Bedeutung der Farben Rang und

Anerkennung und hat bis heute nichts von ihrer Aussagekraft und Aktualität eingebüßt. Goethe definierte in seiner Farbenlehre die physiologischen Aspekte der Farben als Empfindung des Auges und ging dabei von dem Standpunkt aus, daß man die Farben erleben muß, um einen Begriff von den großen Werten ihrer Kräfte zu erhalten. Für ihn waren die Farben das Zeugnis einer höheren Welt.

Er sagte: »Wär' das Aug' nicht sonnenhaft, die Sonne könnt' es nie erblicken, läg' nicht in uns des Gottes eigne Kraft, wie könnt' uns Göttliches entzücken.«

Goethe ging in seiner Farbenlehre von dem Grundgedanken aus, daß das Harmoniegesetz, ähnlich dem der Töne, auch für die Farben seine Geltung haben müsse.

Für ihn ergab sich daraus die These, daß man nur die drei Farben Rot, Gelb und Blau zugrunde legen muß, um daraus alle anderen Farben aus einer Mischung dieser drei Grundfarben zu gewinnen.

Mischt man zwei dieser Farben jeweils zu gleichen Teilen, so erhält man die Mischfarben 1. Ordnung.

Rot und Gelb ergibt Orange

Gelb und Blau ergibt Grün

Blau und Rot ergibt Violett

Nach Goethes Farbenlehre ergaben sich daraus drei »warme« und drei »kalte« Farben, bezogen auf die Empfindung, die man beim Betrachten dieser Farben gewinnt.

Rot, Orange und Gelb sind die »warmen« Farben.

Grün, Blau und Violett sind die »kalten« Farben.

Den drei Grundfarben stehen die drei Komplementärfarben direkt gegenüber:

Grün ist die Komplementärfarbe von ***Rot***

Orange ist die Komplementärfarbe von ***Blau***

Violett ist die Komplementärfarbe von ***Gelb***

Die Farbe ***Indigo*** nimmt eine Sonderstellung unter den Spektralfarben ein, denn sie liegt in der Mitte des Farbkreises und bildet damit sozusagen das "Herzstück" der übrigen sechs Farben, aus denen sich Indigo jeweils zu sechs gleichen Teilen zusammensetzt.

Unser Auge kann im Lichtspektrum sieben Farben unterscheiden und ist darüber hinaus imstande, noch weitere 169 verschiedene Farben wahrzunehmen, die sich in unzähligen Schattierungen auffächern und die Farbskala mit einem weiten Bogen umspannen.

Sie alle zusammen lassen sich jedoch auf einen einfachen Nenner bringen, denn sie sind alle auf die drei Grundfarben ***Rot, Gelb*** und ***Blau*** zurückzuführen.

Graphische Darstellung des Farbkreises

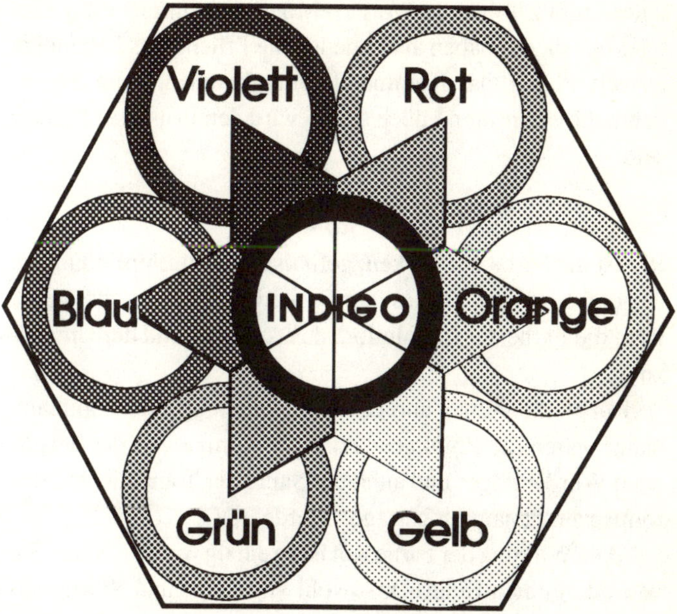

Rot, Gelb, Blau	=	Primärfarben
Orange, Grün, Violett	=	Sekundärfarben oder Mischfarben 1. Ordnung
Rot - Grün, Orange - Blau, Gelb - Violett	=	Komplementärfarben
Rot, Orange, Gelb	=	"warme" Farben
Grün, Blau, Violett	=	"kalte" Farben
Rot + Orange + Gelb + Grün + Blau + Violett	=	Indigo

Das Wesen der sieben Spektralfarben

Goethes Einleitung zu seinem vielzitierten Werk der Farbenlehre umfaßt folgende Worte: »Möge das Unsere wahr sein oder falsch, wir haben als Lebende die Pflicht, das Lebendige zu verteidigen, das Kommende vorzubereiten, denn die Jugend, die zu unseren Füßen spielt, wird dereinst unser Richter sein.«

Rot

Rot ist die Farbe der starken, gefühlsmäßigen Empfindungen, der Liebe und des Zornes, der Dynamik, der Herrschaft, aber auch die Farbe der Revolution, des Aufruhrs und der Umwälzung.

Rot wirkt immer anregend, imponierend und dominant, daher waren die Prunkgewänder der Könige und der geistlichen Würdenträger und auch der Saum der Toga, die von den römischen Senatoren getragen wurde, rot.

»Die Wirkung der Farbe Rot ist so einzig wie ihre Natur. Sie vermittelt einen Eindruck sowohl von Ernst und Würde, als auch von Huld und Anmut. Jenes leistet sie in ihrem dunklen, verdichteten, dieses in ihrem hellen, verdünnten Zustande. Und so kann sich sowohl die Würde des Alters, wie auch die Liebenswürdigkeit der Jugend in diese eine Farbe kleiden,« sagte Goethe über diese Farbe.

Orange

Goethe nannte es Rotgelb und sagte dazu: »Da sich keine Farbe als stillstehend betrachten läßt, so kann man das Gelb bisher leicht durch Verdichtung und Verdunkelung ins Rötliche steigern und erheben. Die Farbe wächst an Energie und erscheint im Rotgelben mächtiger und herrlicher. Das Rotgelbe gibt dem Auge das Gefühl von Wärme und Wonne, indem es die Farbe der höheren Glut, sowie den milderen Abglanz der untergehenden Sonne repräsentiert.«

Gelb

Die Helligkeit des Gelb vermittelt eine leuchtende, strahlende und wohlig wärmende Empfindung und besitzt eine frohe, muntere und sanftreizende Eigenschaft.

Es ist die Farbe der im Zenit stehenden Sonne. Gelb leitet die Vollendung ein.

Goethe sagte: »Gelb ist die mächtigste Farbe am Licht. Sie führt in ihrer höchsten Reinheit immer die Natur des Hellen mit sich.«

Gelb ist eine Grundfarbe und verkörpert ein Grundbedürfnis, sich entfalten zu wollen. Es versinnbildlicht eine Hinwendung nach außen, wirkt aber nicht besitzergreifend wie die rote Farbschwingung, sondern erwartend, beseelt von einem Streben nach Erfüllung und Glückseligkeit.

Grün

Das Grün der Natur ist die ruhigste Farbe, die ein mit sich zufriedenes Element darstellt.

Es ist die Synthese der Vereinigung von Blau und Gelb und kann in der Natur nur dann existieren, wenn die nötigen Voraussetzungen dafür erfüllt sind.

Goethe sagte in seiner Farbenlehre, daß unser Auge im Grün eine reale Befriedigung findet, vor allem wenn die beiden »Mutterfarben« Blau und Gelb sich in der Mischung genau das Gleichgewicht halten. Dann ruht das Auge und das Gemüt auf diesem gemischten Grün. Die reizstarken Farbschwingungen des Gelb und die beruhigenden des Blau heben sich gegenseitig im Grün auf und werden in ihm im Gleichgewicht gehalten.

So ist das reine Grün eine konservative Farbe.

Blau

Seit urdenklichen Zeiten stehen Wasser und Luft in Verbindung mit der Farbe Blau, die als Zeichen der Erhabenheit gilt.

Die wohltuende, angenehm beruhigende Farbempfindung des blauen Himmels und des blauen Wassers befriedigt ein körperliches und seelisches Bedürfnis nach Ruhe und Frieden und führt zu innerer Harmonie und Ausgewogenheit.

Blau wirkt erfrischend und kühlend und ist ein wohltuender Kontrast zu allem Hitzigen, Aufdringlichen, Grellen und Lauten.

Die Erhabenheit der blauen Farbe verdeutlicht sich auch in der alten chinesischen Tradition, die für den »Sohn des Himmels«, den Kaiser, im Frühjahr blaue Gewänder, blaue Banner und blaue Verkleidung der Wagenpferde vorschrieb.

»Wir sehen das Blaue gerne an, weil es nicht auf uns drängt, sondern weil es uns nach sich zieht,« sagte Goethe.

Indigo

Diese Farbschwingung setzt sich aus einer Mischung der sechs anderen Farben zusammen und nimmt somit unter den sieben Spektralfarben eine ganz besondere Stellung ein, weil sie alle Energien dieser sechs Farben in sich vereinigt.

Indigoblau ist für Meditationen und für die Bewußtseinserweiterung von großem Wert.

Violett

Diese Farbe ist eine Mischung aus aggressivem Rot und zurückhaltendem Blau. In ihr heben sich die beiden Gegensätze der Aktivität von Rot und der Passivität von Blau wieder auf. Violett ist die Farbe der Demut, Bescheidenheit, der Buße und Abgeschiedenheit.

Die blaue Ruhe wird vom roten Impuls angeregt und der rote Impuls wird durch die blaue Ruhe ausgeglichen und erhoben.

Daraus resultiert Empfindsamkeit, Sensibilität und Zurückgezogenheit. Goethe sagte über Violett, das er Blaurot nannte, folgendes:

»Wenn sich das Blaue sanft ins Rote steigert, erhält es dadurch etwas wirksames. Jene Unruhe nimmt bei weiter fortschreitender Steigerung zu, deswegen verwendet man es bei Kleidung, Band oder sonstigem Zierrat nur sehr schmal und hell, da es dann seiner bezeichnenden Natur nach einen ganz besonderen Reiz ausübt.«

Der Regenbogen

Eine der schönsten und eindrucksvollsten Naturerscheinungen ist der Regenbogen, der in seinen siebenstrahligen Farbwellen das gesamte Spektrum in seiner ganzen Vollkommenheit am Himmel präsentiert.

Der Regenbogen vereinigt in sich die sieben Spektralfarben in Form von Strahlen und Schwingungen und umfaßt als leuchtendes Farbband alle Lebewesen, die ihm in ihrer Siebenfarbigkeit gleichen. Das Geheimnis des Regenbogens ist damit in uns allen, denn auch der Mensch hat in jeder Zelle seines Körpers diese Farbigkeit in Form feinster Sonnenkräfte in sich. Sie sind in allen Farbnuancen des Regenbogens vorhanden und entfalten dort ihre heilsame Wirkung sowohl auf körperlicher, als auch auf geistiger Ebene. Der Regenbogen hat schon immer die Bewunderung und das Interesse der Menschen erregt. Er wurde vielfach erwähnt und beschrieben. In der Bibel kündigte er das Ende der Sintflut an und war damit das Zeichen einer kosmischen Verkündigung. Bis heute gilt er als Glückssymbol, als leuchtendes Band der Verbundenheit und der Menschlichkeit und als Brücke zu Frieden und Einigkeit.

Heute wissen wir, daß die Erscheinung des Regenbogens ein optisch sehr komplexes Geschehen darstellt. Ein Regenbogen kommt nämlich nur dann zustande, wenn die Sonne Regentropfen bescheint, wobei diese im Rücken des Betrachters stehen muß. Regentropfen sind kleine Kügelchen, in die das fast parallel einfallende Sonnenlicht eindringt.

Wenn die Schwingungen des Lichtes von der Luft ins Wasser des Regentropfens übergehen, wird das weiße Licht nicht nur abgelenkt oder gebrochen, sondern auch in die sieben Spektralfarben des Regenbogens zerlegt.

Dieses farbige Lichtband durchdringt den winzigen Wassertropfen, wird an seiner gerundeten Rückwand reflektiert und von dort aus wieder in Richtung der einfallenden Sonnenstrahlen zurückgeworfen.

Dabei findet nochmals eine Brechung statt und damit eine erneute Zerlegung in die sieben Regenbogenfarben. Gelegentlich kann man auch noch einen zweiten, wesentlich schwächeren Regenbogen mit umgekehrten Farben erkennen. Er entsteht durch die doppelte Brechung und Reflexion.

Der Regenbogen ist deshalb rund, weil die Lichtstrahlen stets in einem Winkel von 42 Grad (Rot) und 40 Grad (Violett) abgelenkt werden. Er ist daher der Schnitt eines Kegels, dessen theoretische Spitze in unserem Auge liegt.

Physikalisch betrachtet gehört der Regenbogen in das Gebiet

der atmosphärischen Optik. Große Naturwissenschaftler wie Descartes und Newton haben sich um seine wissenschaftliche Erklärung bemüht.

Farben - physikalisch betrachtet

Die sieben Regenbogenfarben bezeichnet man als Farbspektrum, während die einzelnen Farben Spektralfarben genannt werden. Ihre Strahlung hat unterschiedliche Wellenlängen (Frequenzen).

Als Wellenlänge bezeichnet man die Entfernung von einem Wellenberg zum anderen. Schwingungszahl oder Frequenz nennt man die Anzahl der Wellenberge, die innerhalb einer Sekunde einen Punkt passieren. Eine Lichtwelle hat mehrere Hundertmillionen solcher Frequenzen. Licht ist eine Form von Energie, die ihre Richtung nicht verändert und sich immer geradlinig ausbreitet.

Lichtstrahlen breiten sich mit einer Geschwindigkeit von etwa 300.000 km/sec. aus, während im Vergleich dazu der Schall in der Luft eine Geschwindigkeit von 330 m/sec. aufweist.

Die individuelle Färbung eines Körpers entsteht dadurch, daß seine molekulare Struktur einen Teil der Spektralfarben durchläßt und den anderen Teil reflektiert. Diesen reflektierten Strahl nehmen wir dann als Farbe wahr. Von unserem Auge kann nur eine sehr kleine Bandbreite von sichtbarem Licht wahrgenommen werden.

Dieser Teil liegt in einem Wellenbereich von 780 (Rot) bis 400 (Violett) Nanometer.

Ein Nanometer entspricht einem millionstel Millimeter.

Die Quantentheorie

Anfang unseres Jahrhunderts wurde von dem deutschen Forscher Max Planck (1858-1947) die Theorie aufgestellt, daß sich das Licht aus winzigen, unveränderbaren Energiepaketen (Quanten) zusammensetzt, die aufgenommen oder abgegeben werden.

»Licht ist nicht nur Welle, sondern auch Teilchen«, besagt die auf diesem Grundsatz basierende Quantentheorie, die Max Planck aufstellte. Er sagte, daß es keine Materie an sich gibt, sondern daß sie nur durch Kräfte entsteht und besteht, welche die Atomteilchen in Schwingungen versetzen und zum Satellitensystem des atomaren Gefüges zusammenhalten.

Es ist erwiesen, daß ein Atom nicht nur als Materie zu verstehen ist, sondern auch als Energiefeld. Deshalb ist auch die Regulation der Energie ein so wesentlicher Faktor für das Schwingungsverhalten der Zellen im menschlichen Körper.

Albert Einstein (1879-1955) kam dann im Jahre 1905 zu der Erkenntnis, daß nicht nur die Aufnahme und Abgabe der Lichtenergie in Quanten erfolgt, sondern daß die Lichtenergie selbst ein Strom von Quanten ist. Diese Theorie, für die er im Jahre 1922 den Nobelpreis erhielt, besagt: »Licht ist eine elektromagnetische Wellenerscheinung, bei der die Energie in bestimmten ‚Bündeln' transportiert wird.« Er nannte sie Photone.

Diese kleinsten Lichtatome oder Photone verdeutlichen, daß neben der Materie auch das Licht aus kleinsten Elementarteilchen besteht, und daß das Licht sowohl eine Wellenerscheinung als auch ein Teilchenphänomen ist. Licht hat also eine Doppelwirkung, denn es verhält sich einerseits wie eine Welle und andererseits wie ein Teilchen.

* Breitet sich das Licht von einem Ort zum anderen aus, dann verhält es sich wie eine Welle.
* Wird das Licht jedoch von einem Gegenstand aufgenommen, z.B. von unserem Körper, der es in Heilenergie verwandelt, dann verhält es sich wie ein Teilchen oder Photon.

Das Photon entspricht Wellenzügen, in denen Energie gebündelt ist. Sie breiten sich mit Lichtgeschwindigkeit aus. Die Energie des Photons ist von der Wellenlänge abhängig, daher sind z.B. die Photone des roten Lichtes energieärmer (weil ihre Wellen länger sind) als die des blauen Lichts (mit den wesentlich kürzeren Wellen).

Im Vergleich dazu gehören die Photonen der Gammastrahlung zu den energiereichsten und die der Radiowellen mit mehreren Metern Wellenlänge zu den energieärmsten Strahlen. Je kurzwelliger das Licht ist, umso energiereicher ist das Photon. Das führt dann, wenn die Lichtenergie auf das Elektron übertragen wird, zu einer stärkeren Beschleunigung desselben.

Die Photone stehen in einer Wechselbeziehung zur Materie und können diese auch durchdringen. Sie übertragen ihre Energie aber vorwiegend auf alle elektrisch geladenen Teilchen, z.B. auf Elektronen. In der Natur wirken Photone als Energieträger. Dabei werden die Photone der Sonnenenergie absorbiert und in andere Energieformen, beispielsweise in Wärme, umgewandelt.

Die Farbstrahlen geben gemäß ihrer Wellenlänge und der damit verbundenen Photonenzahl Energien an die Elektronen im Inneren des Körpers ab.

Dadurch werden diese entweder beschleunigt, oder in ihrer Anzahl erhöht und haben mit dieser physikalischen Reaktion von Photonen und Elektronen eine erhebliche Wirkung auf das Schwingungsverhalten aller Zellen im menschlichen Organismus.

Farben sind Informationsträger

Licht und Farben sind also Übermittler von energetischen Informationen. Trifft diese Energie auf die Körperoberfläche auf, so kommt es zu spontanen Reaktionen. Die Rezeptoren der Haut "erkennen" das Licht und damit auch die Schwingungsanteile der darin enthaltenen Farben. Der Reiz pflanzt sich nun direkt in das Gebiet des Hypothalamus fort und löst dort endokrine (die Hormonproduktion steuernde) Reaktionen aus. Der Hypothalamus ist der Teil des Zwischenhirns, das lebenswichtige vegetative Vorgänge im Körper steuert, unter anderem die Wärmeregulation, den Blutdruck, Atmungsablauf, Stoffwechsel und Schweißsekretion. Die energetischen Impulse des Farblichts sind in der Lage, Unregelmäßigkeiten im Schwingungsverhalten der Zellen auszugleichen und Funktionsstörungen damit zu beseitigen, indem sie dem Organismus in den Bereich harmonischer Schwingungsqualitäten zurückverhelfen.

Diese Anregung ist ein physikalischer Prozeß in Form elektrischer Impulse, die sich über den nervalen Weg in das Gebiet der Steuerungsorgane (Hypophyse, Hypothalamus) fortpflanzen. Das menschliche Auge und die Rezeptoren der Haut sind die Schleusen, durch welche die Farbenergien vom Körper aufgenommen werden, damit sie ihre Wirkung bis in alle Zellen entfalten können.

Die blitzschnell erfolgenden Resonanzwirkungen breiten

sich sodann in die Bereiche aus, die ein Schwingungsfehlverhalten aufweisen und gleichen es harmonisch aus.

Heute weiß man, daß der Körper seine Informationen auf einer Trägerwelle sendet, die im Bereich des infraroten und ultravioletten Lichtes liegt.

Unser Organismus besteht aus Billionen von Zellen, und jede einzelne besitzt eine Eigenschwingung. Die Eigenschwingungszahl eines Körpers ist um so größer, je geringer seine Ausdehnung ist.

Daraus ergibt sich, daß die Eigenschwingung der Zellen im Organismus sehr hoch ist. Wenn man nun elektrische Schwingungen auf die Körperzellen einwirken läßt, die in ihrer Schwingungszahl mit der Eigenschwingung der Zellen übereinstimmen, dann kommt es zu Resonanzerscheinungen (Resonanz = Mitschwingung).

Das Resonanzprinzip besagt:

»Mit kleinsten schwingenden Kräften können größte Wirkungen ausgelöst werden, wenn diese Kräfte auf die Eigenschwingungen ihres Wirkungsfeldes abgestimmt sind.«

Dieses Prinzip ist für die Farbtherapie sehr wichtig, denn bei der Bestrahlung mit Farbe werden dem Körper Resonanzkräfte zugeführt, die bei richtiger Anwendung einen sehr wirkungsvollen Einfluß auf die Gesundheit und das allgemeine Wohlbefinden ausüben.

Die Farbtherapie bedient sich dieses Resonanzeffektes in der Erkenntnis, daß die Voraussetzung für Gesundheit und Wohlbefinden ein ausgewogenes Vorhandensein von Energie erfordert. Fehlt die Energie einer bestimmten Farbschwingung, dann wird sie durch die Bestrahlung zugeführt.

Der Sinn einer Heilbehandlung mit Farbenergie ist es also, den Organismus in seinen Eigenschwingungen zu unterstützen, indem man ihm Farbkräfte zuführt. Damit schafft man die wesentlichen Voraussetzungen, um eine Anregung und Harmonisierung der natürlichen Heilkräfte im Körper zu erzielen.

Farbschwingungen tragen eine gewaltige Fülle kleinster Reize in sich, die eine große Wirkung auf die Zellen ausüben, denen man mit der richtigen Farbe die jeweils benötigten Lebensimpulse zuführen kann.

Die Farbenergie mit ihren überaus feinen und in ihrer Millionenzahl hochwirksamen Schwingungen regt also die Zellen an und stärkt dadurch auch das Immunsystem, das dann besser in der Lage ist, Krankheitserreger abzuwehren und entgleiste Körperfunktionen zu regenerieren.

Die Wirkung des Farblichts auf den Organismus

Unser Organismus kann nur dann optimal funktionieren, wenn er sich in einem ausgewogenen, harmonischen Zustand befindet. Allein im Rahmen der körperlichen Funktionen müssen dafür eine große Anzahl von Faktoren ständig im Gleichgewicht gehalten werden. Dafür steht ihm ein Informationssystem zur Verfügung, das sich unter anderem auch elektromagnetischer Wellen bedient, um innerhalb des Körpers einen Informationsaustausch zwischen den Zellen zu ermöglichen.

Die Nachrichtenübermittlung ist deswegen von größter Wichtigkeit, weil in unserem Körper ständig eine ungeheure dynamische Regsamkeit herrscht. Dabei muß man sich vorstellen, daß es etwa 10 Millionen Zellen sind, die in einer Sekunde absterben und durch neue ersetzt werden müssen. Es dürfen aber auch in keinem Fall mehr oder weniger Zellen sein, die da produziert werden!

Bei einer solchen Aktionsgeschwindigkeit müssen die Nachrichtensysteme äußerst schnell funktionieren. Wäre dieser Informationsfluß gestört, so würde das ein Chaos im Körper auslösen. Die Befehle der Zentrale würden dann nicht zu den Zellen gelangen und die Rückmeldung der Zellen würde die Zentrale nicht mehr erreichen.

Die ganzheitliche Harmonie in unserem Organismus ist also dann gefährdet, wenn der normale Lebensrhythmus der Zelle gestört ist. Das Fehlverhalten einer aus der Ordnung gebrachten Zelle kann man sich etwa so vorstellen, als würde man einen Stein ins Wasser werfen, der um sich herum immer größer werdende Wellen erzeugt. Genauso verhält sich auch eine aus der Ordnung gebrachte Zelle. Sie breitet immer größer werdende, störende »Wellen« auf ihre Umgebung aus.

Unser Körper ist mit seinem Regulationsmechanismus meistens in der Lage, einer solchen Situation Herr zu werden. Wenn es ihm jedoch nicht gelingt, dann vermittelt er uns Informationssignale, beispielsweise in Form von Schmerz oder anderen Unpäßlichkeiten.

Obwohl das körpereigene Informationssystem eine enorme natürliche Funktionstüchtigkeit und Regulationsfähigkeit aufweist, gibt es doch eine ganze Reihe von Störungen, die dieses Steuersystem empfindlich beeinflussen können. Dazu gehören z.B. Klimaveränderungen, Streß, Viren, Umweltgifte u.s.w.

Probleme dieser Art kann man mit farbigem Licht günstig beeinflussen, lindern oder heilen. Unser Körper ist nur dann vital und leistungsfähig, wenn innerhalb seiner Grenzen ganz bestimmte, lebensnotwendige Bedingungen gegeben sind.

Dies beginnt bei der Körpertemperatur und erstreckt sich über die Zusammensetzung der Körpersäfte, d.h. des Blutes und der Lymphe, über die Fermente bis hin zu den Hormonen.

Lichteinflüsse haben eine direkte Wirkung auf die Zellen, deren bioenergetisches Potential die Materie des Menschen in einem Spannungszustand erhält, der die normalen Lebensfunktionen gewährleistet.

Licht bedeutet aber auch Energie für das autonome Nervensystem, und somit sind Licht und Farben wirkungsvolle Kräfte mit einem großen Potential, aus dem wir Vitalität und Harmonie gewinnen können. Farbstrahlen wirken im Gegensatz zu den sogenannten energiereichen »harten« Strahlen aufbauend und revitalisierend auf das Gewebe.

Ganzheitliches Denken

Die Grundvoraussetzung für das Verständnis um die Heilkraft der Farben ist die ganzheitliche Betrachtung unseres Organismus in der Gesamtheit aller seiner Funktionen.

Bereits Plato (427-347 v. Chr.) wies schon zu seiner Zeit in diesem Zusammenhang darauf hin, daß »der größte Fehler bei der Behandlung von Kranken darin liegt, daß Leib und Seele zu sehr getrennt werden, obwohl sie nicht getrennt werden dürfen, denn wo das Ganze übel dran ist, kann unmöglich ein Teil davon gesund sein.« Doch es war auch wieder unserem Jahrhundert vorbehalten, diese wesentlichen Erkenntnisse in die Heilbehandlung der offiziellen Schulmedizin einzubringen.

Noch vor einem knappen Jahrhundert erklärte nämlich noch einer der ganz großen Wegbereiter der modernen Heilkunde, Prof. Rudolf Virchow (1821-1902) in einer seiner Vorlesungen in Berlin ganz ernsthaft: »Ich habe Tausende von Menschen operiert und dabei nie eine Seele gefunden.« Diese »seelenlose« Medizin steckte damals tatsächlich in einer schweren Krise, weil sie sich viel zu sehr auf den Körper konzentrierte und so die Behandlung des ganzen Menschen, in seiner körperlichen, geistigen und seelischen Einheit, aus den Augen verloren hatte.

Krankheit umfaßt immer den Menschen in seiner Gesamtheit und kann deshalb nicht als isoliertes Geschehen betrachtet werden. Alle Zellen unseres Organismus stehen miteinander in einer vollkommenen Kommunikation. Jede Zelle weiß von der anderen und trägt das Programm des Ganzen in sich.

Zwei ganz große Pioniere auf dem Gebiet der Ganzheitsmedizin waren der Begründer der Autosuggestion Emil Coué (1857-1926) und der Psychoanalytiker Dr. Sigmund Freud

(1856-1939). Sie wurden mit ihrem Wirken zu Wegbereitern für die Anerkennung der Tatsache, daß zwischen Körper, Geist und Seele eine Wechselwirkung besteht, wobei diese sich gegenseitig positiv beeinflussen oder auch in Mitleidenschaft ziehen.

Das erste Lehrbuch über psychosomatische Heilkunde erschien im Jahre 1943. Seither gehört die Erkenntnis von der Verursachung vieler Krankheiten durch die Psyche zum festen Bestandteil ärztlicher Heilmethoden.

Farbempfindungen

Die Energiestrahlung ***Farbe*** wird vom menschlichen Körper ganz deutlich wahrgenommen. Den wissenschaftlichen Beweis dafür erbrachte der Begründer der rationalen Lichttherapie, Prof. Nils Finsen, der für seine Forschungsarbeit über Licht und Farben 1903 den Nobelpreis für Medizin erhielt.

Ihm war es gelungen nachzuweisen, daß Farben selbständige Kräfte sind, die mit Suggestionskräften nicht verwechselt werden dürfen. Farbschwingungen, die den menschlichen Körper treffen, veranlassen diesen zu ganz deutlichen Reaktionen, wie man bei Versuchen eindrucksvoll feststellen konnte.

Man führte einen Blinden in einen Raum, der in einem kalten Blau gehalten war und stellte fest, daß seine Körpertemperatur daraufhin ganz deutlich sank. Als der Blinde dann einen roten Raum betrat, stieg seine Körpertemperatur an - obwohl die Temperatur beider Versuchsräume meßbar gleich hoch war. Interessant ist auch der Bericht, daß Geisteskranke, die als unheilbar galten, allein durch die Wirkung von Farben wieder geheilt werden konnten.

Tobsüchtige beruhigten sich im »Blauzimmer« und melancholische, depressive und lebensmüde Menschen erholten sich in einem orangegelben Raum zusehends und gewannen neue Lebensenergie.

Farbschwingungen sind dazu in der Lage, den in Unordnung geratenen Organismus harmonisch auszugleichen. Diese Erkenntnis hatte man auch in den U.S.A. genutzt und aggressive Häftlinge in rosafarbenen Gefängniszellen untergebracht. Man konnte beobachten, daß sich diese Menschen daraufhin deutlich beruhigten und schließlich mehr soziales Verhalten zeigten. Mit der Farbe Blau verbindet sich die Vorstellung von Weite und Großzügigkeit. Das fand sich bestätigt, als man für ein Experiment eine Halle blau ausmalte und Versuchspersonen ihre Länge daraufhin bis zu einem Viertel länger einschätzten, als sie tatsächlich war.

Wie man an diesen Beispielen erkennen kann, werden die jeweiligen Farbschwingungen aufgenommen und die Farben lösen dann ihrerseits psychologische Wirkungen aus und führen so zu bestimmten Eindrücken und Gemütsstimmungen.

Farbeinflüsse

Nicht nur gute Laune und Lebensfreude, sondern auch Arbeitseifer, Gesundheit und Wohlbefinden können durch die Farbenergien sehr beachtlich gefördert werden, denn sie haben eine harmonisierende Wirkung auf den gesamten Organismus.

Es sind die ganz spezifischen Kräfte, die in den einzelnen Farbschwingungen zum Ausdruck kommen und die damit alle unsere Lebensfunktionen positiv beeinflussen. Es ist noch gar nicht allzulange her, da war dieses Wissen um die Wirkung von

Licht und Farben sehr vernachlässigt worden. Noch zu Anfang unseres Jahrhunderts hatte man die Farben fast vollständig aus dem alltäglichen Leben verbannt. Die Mode war dezent, farblos und düster und man hielt sich »stark bedeckt«, indem man sich bis oben hin zuknöpfte.

Sonnenschirme, Hüte und Handschuhe waren ein absolutes Muß und gehörten ganz einfach zum guten Ton. Die Wohnungen waren großräumig und düster, dichte, schwere Samtvorhänge und heruntergelassene Jalousien hielten jeden Sonnenstrahl ab. Dunkle, schwere Möbel, düstere Tapeten und farblose Teppiche taten noch ein übriges, um diese farblose Atmosphäre zu verdichten. Wenn man dann aus der Statistik erfährt, daß die Zahl der Gemütskranken, Hysterischen, Geistesgestörten und Tobsüchtigen in dieser Zeit drastisch hoch war, wundert man sich darüber nicht, denn heute weiß man, daß Körper, Geist und Seele Schwingungsfähigkeiten aufweisen, die mit denen der einzelnen Farbcharaktere genau übereinstimmen.

Farben können die Lebensenergie steigern und damit die Gesundheit fördern und die Stimmung verbessern. Man fühlt sich vitaler und ausgeglichener und dadurch vertieft sich die Atmung, die Durchblutung und der Stoffwechsel werden angeregt und das Immunsystem erfährt eine enorme Stärkung.

Die gewaltige Kraft der Spektralfarben stellt eine bedeutungsvolle Energiequelle dar, die wir uns jederzeit nutzbar machen können, um sie auch an gesunden Tagen ganz bewußt in den Alltag miteinzubeziehen, denn damit sind sie eine hilfreiche Vorbeugungsmaßnahme und ein wirkungsvoller Schutz gegen körperliche und psychische Belastungen und frühzeitige Alterserscheinungen.

Farben und ihre Wirkung auf die Psyche

Farben haben einen großen Einfluß auf die seelische Stimmung und auf das allgemeine Wohlbefinden eines Menschen, das wurde in psychologischen Studien genau erforscht und nachgewiesen. Die Werbung profitiert von diesen Erkenntnissen schon lange, denn der Zusammenhang zwischen Farbe und Kauffreudigkeit ist hinlänglich erforscht und bekannt.

Unsere Augen brauchen die Farben ebenso wie das Licht. Dabei nehmen sie die Farben aber nicht nur passiv als Empfindung auf, sondern sie bringen die Farben auch selbst hervor, woraus sich ganz spezifische psychologische Zustände ergeben, die sich deutlich auf das Gemüt auswirken. Das macht sich dann beispielsweise als »himmelhoch jauchzende« oder »zu Tode betrübte« Stimmung bemerkbar.

Es konnte wissenschaftlich nachgewiesen werden, daß der jeweilige Farbreiz, den das Auge aufnimmt, über das vegetative Nervensystem zum Zwischenhirn geleitet wird. Von dort aus wird dann über die Hypophyse und das neurovegetative System das von den einzelnen Farben jeweils angeregte Zusammenwirken der Organfunktionen geregelt.

Das kann sowohl auf Anregung und Belebung als auch auf Ruhe und Ausgewogenheit hinzielen, es hängt von der Farbe ab, die man dazu einsetzt. Jede der vielen, verschiedenen Farbnuancen hat ihre Eigenart, ihren ganz speziellen Charakter, ihre Ausstrahlung und damit auch ihre Auswirkung auf denjenigen, der sie trägt, sie betrachtet, sich mit ihr umgibt.

Sobald wir das bunte Gebiet der Farben betreten, setzen wir

uns ihren Schwingungen und Kräften aus. Farbforscher bemühten sich, das Geheimnis der Lieblingsfarben zu ergründen und gewannen dabei die Erkenntnis, daß es sich bei den jeweiligen Farbempfindungen um als angenehm empfundene Reizerscheinungen des Nervensystems handelt.

Jede Farbschwingung übt einen bestimmten Reiz aus, den man je nach Temperament als angenehm oder unangenehm empfindet. Man fühlt sich von einer Farbe angenehm berührt, oder man lehnt sie ab. Dabei stellte man eine auffallende Übereinstimmung der Charaktere fest, die sich jeweils zu einer speziellen Farbe hingezogen oder von ihr abgestoßen fühlen.

Die Wahl einer Farbe entscheidet sehr nachhaltig darüber, ob wir von ihr positiv angeregt und unterstützt werden, ob sie uns beruhigt, oder ob sie uns aufwühlt und behindert. Farben spiegeln die jeweilige Stimmung wieder, nachdem sie diese entscheidend beeinflußt haben. Damit haben die Farben aber auch eine enorme Wirkung auf unsere Umgebung und auf die eigene Ausstrahlung, die man selbst auf sie hat. Zusammengestellte Farben ergänzen, verstärken oder überlagern sich in ihrer Wirkung.

Für das eigene Wohlbefinden ist es sehr hilfreich, die Farbe der Kleidung nicht nur nach der Haar- und Augenfarbe auszuwählen, sondern auch nach seiner Wesensart und nach der jeweiligen Stimmung. Auf diese Weise kann man mit den Farben einen sehr unterstützenden, anregenden und damit positiven Effekt erzielt.

Raum und Farbe

Bei der Wahl von Farben für die Raumgestaltung sollte man bedenken, daß helle, kühle Farben eine vergrößernde Wirkung haben, während dunkle, warme Farben einen Raum kleiner erscheinen lassen. Da die weiße Farbe das Licht am besten und intensivsten zurückwirft, wirkt ein weißer Raum immer großzügig und hell.

Das reine ***Weiß*** überstrahlt alles, es blendet aber auch und macht die Augen müde und deshalb verlangt es immer nach einer Ergänzung durch andere Farben als harmonischen Blickfang.

Das gleiche gilt auch für ***Grau***, das in einer silbrigen Nuance gut als »Trägerfarbe« für lebhafte Farbtöne fungieren kann.

Ein ***roter*** Raum erhält in seiner Gesamtstimmung etwas Mächtiges, Überwältigendes, wirkt damit sehr beeindruckend und anregend und ist daher für nervöse, leicht erregbare Menschen nicht empfehlenswert. Zu berücksichtigen ist aber auch, daß Rot seine Farbe der Zimmertemperatur entsprechend variiert. Als Raumfarbe wird ein kräftiges Rot als bläulich empfunden, wenn es dort kalt ist und nimmt einen gelblichen Ton an, wenn es gut geheizt und angenehm warm ist.

Wenn man Gewichtsprobleme hat, dann sollte man Küche und Eßzimmer nicht in ***Rot*** oder ***Orange*** halten, da diese Farben anregend auf den Appetit wirken. ***Blau*** und ***Blaugrün*** zügeln ihn dagegen.

Orange stimmt lebensfroh und vermittelt Schwung und Dynamik. Es hat einen sehr eigenmächtigen, prunkvollen Charakter und wirkt dominierend und effektvoll.

Gelb verleiht einem Raum einen sonnigen, fröhlichen Anstrich. Diese Farbe hat eine positive, anregende Wirkung, sie bringt den Geist in Schwung und regt zur Arbeitsleistung an, besonders auf geistigem Gebiet. Gelb ist eine gute Hilfe gegen Arbeitsunlust und Ermüdungserscheinungen.

Menschen die viel lesen oder Tätigkeiten ausführen die anstrengend für die Augen sind, sollten das möglichst in einem grünen Raum tun, denn ***Grün*** wirkt in seinen helleren Tönen erholsam und vitalisierend und hat auch einen regenerierenden Einfluß auf den Organismus.

Blau ist eine beruhigende und entspannende Farbe und deshalb gut für das Schlafzimmer geeignet, aber auch für Räume, in denen man in entspannter Atmosphäre die Stimmung einer »blauen Stunde« genießen möchte.

Violett ist als Zimmerfarbe weniger gut geeignet, da es eine deprimierende, gemütsbelastende Stimmung hervorrufen kann. Wenn man sich dennoch für Violett entscheiden möchte, sollte es mit viel Weiß aufgehellt und neutralisiert werden.

Rosa gibt einem Raum eine feminine, anspruchsvolle Note und erweckt einen stimmungsvollen, sanften und gemütserhebenden Eindruck.

Braun mit seinem naturverbundenen Charakter, der einen Hauch von Holz und Erde in sich trägt, ist für eine rustikale, gemütliche und wohnliche Note gut geeignet. Man sollte es jedoch mit warmen Farben, wie zum Beispiel Gelb oder Orange kombinieren, um damit sonnige, fröhliche Effekte zu erzielen.

Diese Beispiele zeigen, daß man mit der farblichen Raumgestaltung großen Einfluß auf seine Stimmung nehmen kann, denn die Farben lösen in uns Empfindungen aus, die das allgemeine Wohlbefinden und die Lebensfreude ganz entscheidend beeinflussen, wenn man sie gezielt und bewußt in seine Umgebung einbringt, um sich von ihrer Wirkung verwöhnen zu lassen.

Die ausdrucksvolle Welt der Farben

Rot

Das warme Rot gilt als Symbol der Lebenslust, als Ausdruck der Emotionen und der Liebe am sinnlichen Leben, am Erleben, Bewältigen und Erobern.

Es ist die Farbe der glühend aufgehenden Sonne, sie hat das größte Durchdringungsvermögen, aktiviert, vitalisiert, intensiviert und stimmt dynamisch, durchschlagend und aggressiv. Die Sinnesempfindung der roten Farbe ist Erregung, Verlangen, Begehren. Wenn diese Gefühle als lustvoll empfunden werden, dann gilt Rot als kraftvoller, sinnenerregender Energiespender, der stimulierend und aufreizend wirkt und die körperliche Lebenskraft und Leistungsfähigkeit auf allen Gebieten steigert, sei es nun im Bereich der Sexualität, im Leistungssport, oder in der Bewältigung sonstiger Lebensprobleme.

Rot entspricht der Lebenskraft, dem Selbstwertgefühl und dem Selbstvertrauen in die eigenen Talente und Möglichkeiten. Die rote Farbschwingung bewirkt immer einen Energiegewinn.

Rot macht gesprächig, eifrig, leidenschaftlich und aktiviert bei Trägheit, Arbeitsunlust und Lernfaulheit.

Kinder mit Lernschwierigkeiten sollten deshalb unter Rotlicht ihre Schulaufgaben machen.

Im Bereich der Sexualität drückt diese Farbe rein körperliche, auf Lustgewinn fixierte Triebe aus.

Im »Rotlichtviertel« sind die einschlägigen Vergnügungslokale zu finden. Die »rote Laterne« animiert zu sexuellen Aktivitäten. Die rote Farbe wirkt im verstärkten Maß erregend auf das Nervensystem und kann bei cholerischen Menschen oder bei bestehenden Nervenleiden Aggressivitäten bis hin zu Tobsuchtsanfällen auslösen.

Rot kann also mit ganz unterschiedlichen Gefühlsregungen betrachtet und empfunden werden, nämlich einerseits als erregende, lustvolle, dynamische Kraftquelle, die zu gesteigertem Lustbedürfnis, sinnlichem Genuß und vitalen Leistungen anfeuert, oder andererseits aufreizend, bedrohlich und abstoßend, wenn Unlustgefühle, Depressionen oder nervliche Übererregbarkeit bestehen. Dann bewirkt Rot eine Sinnesüberreizung und verursacht Abneigung, Auflehnung und mitunter sogar Ekelgefühle.

Eine Ablehnung von kräftigem, feurigem Rot kann mitunter auch auf erotische Enttäuschungen und unbefriedigtes, sinnliches Verlangen zurückgeführt werden.

Wer die rote Farbe jedoch liebt, der empfindet sie als stimulierend und positiv in ihrer strahlenden, warmen Leuchtkraft und fühlt sich durch sie gestärkt, motiviert und irgendwie emporgehoben und damit »erhaben«. Das hängt auch mit der Tatsache zusammen, daß Rot das bewußte Erleben und Fühlen steigert und komprimiert.

Rot drückt auch eine starke Willenskraft aus. Liebhaber dieser Farbe sind immer gerne aktiv, leistungsbereit und flexibel und geben sich nicht so schnell geschlagen. Sie zeigen Mut zum Kämpfen und Kraft zum Durchhalten.

Hinter der Vorliebe für Rot steckt aber teilweise auch ein recht kräftiger Wunsch, auffallen zu wollen und Beachtung und Anerkennung zu erringen.

Manchmal ist hinter dieser Bevorzugung von Rot auch die Neigung verborgen, großartig erscheinen zu wollen und zu imponieren, was auch als ein Ausdruck von Beherrschen-Wollen und Dominieren-Wollen anzusehen ist.

Die psychologische Bedeutung der roten Farbe verändert sich jedoch ganz deutlich, wenn dem Rot gelbliche, bräunliche oder bläuliche Töne beigemischt werden. Je mehr das Rot zu Braun tendiert, umso stärker wird es vom erregenden zum beruhigenden Farbton.

Wird dem Rot hingegen Gelb beigemischt, dann ist die Wirkung dieser orange-roten Nuance aufreizend, ermunternd und fröhlich stimmend.

Sind die Rottöne jedoch bläulich angehaucht, dann läßt sich damit Ausgeglichenheit, Sanftmut und Selbstlosigkeit vermitteln.

Rosa

Rosa enthält die feineren Qualitäten von Rot und wird als die Farbe des Herzens bezeichnet.

Sie symbolisiert Liebe, Zuneigung und Hingabe auf der Herzebene, ohne triebhafte Sinnlichkeit und lustvolle Leidenschaft.

Rosa ist die Farbe der edlen, seelischen Liebesempfindungen auf höherer, geistiger Ebene, der Zärtlichkeit, Sanftheit und Hingabebereitschaft.

Diese Farbe macht empfänglich für die edlen Schwingungen harmonischer Liebe und selbstloser Zuneigung und regt dazu an, diese Glücksgefühle voll zu erleben und auszudrükken.

Eine besondere Liebe zu Rosa verdeutlicht ein gesteigertes Schutz- und Liebesbedürfnis. Zarte, sensible und verträumte Menschen, die viel Zuwendung und menschliche Wärme brauchen, um ihre innere Stabilität zu gewinnen, bevorzugen Rosa oftmals sehr deutlich.

Liebhaber dieser Farbe haben extrem feminine Züge, denn das Zarte, Zurückhaltende, Weibliche wird mit Rosa in Verbindung gebracht. Das verdeutlicht sich auch in dem alten Brauch, nach welchem neugeborene Mädchen mit rosafarbenen Dingen umgeben werden. Menschen, deren Lieblingsfarbe Rosa ist, sind aber auch die geborenen Genießer, die sich mit Wonne in all das stürzen, was Spaß macht und Freude bringt.

Es ist die Farbe der feinen Lebensart, der zurückhaltenden Eleganz, der stimmungsvollen Festlichkeit und der sentimentalen Gefühle und Gemütsbewegungen.

Sie steht für die Überwindung von Gewalt, Triebhaftigkeit und gesteigertem Egoismus.

Ein übertriebenes Verlangen nach Rosa verdeutlicht jedoch einen gestörten Bezug zur Realität und eine bewußte Abkehr von den ernsten Dingen des Lebens. Diese Menschen sehen alles durch die »rosarote Brille« und schweben auf »rosaroten Wolken«. Sie haben Angst vor der harten Wirklichkeit und versuchen ihr zu entfliehen.

Wenn man diese Farbe jedoch entschieden ablehnt, so deutet das zuweilen auf eine unbewußte Entbehrung von Zärtlichkeit und Zuwendung hin, aber auch auf ein Bestreben zu Selbständigkeit und Emanzipation und eine Ablehnung sentimentaler Gefühle.

Tests ergaben Zusammenhänge zwischen einer Vorliebe für Rosa und einem gesteigerten Verlangen nach Süßigkeiten.

Orange

Orange ist die Symbolfarbe für Heiterkeit, Optimismus und Lebensfreude. Es ist eine warme, positive, anregende Farbenergie, die sehr hilfreich ist gegen Depressionen, Pessimismus, Unzufriedenheit, Unlustgefühle und Lethargie.

Orange steigert das Lebensgefühl, den Ehrgeiz und die Lust zur Aktivität und verhilft zu Mut und Stärke.

Es ist eine Farbe, die allenthalben gut tut und sie wird deshalb auch als »soziale« Farbe angesehen, die zu Herzlichkeit und Kontaktfreudigkeit animiert und die von extrovertierten, geselligen Menschen bevorzugt wird.

Orange wird auch als die Farbe der Jugendlichkeit und Gesundheit bezeichnet, die unruhig und neugierig macht und die zu Erlebnissen und Abenteuern anregt.

Psychologisch gesehen hat das leuchtende Orange den Charakter des Sich-Verströmen-Wollens. Wie die glühenden Flammen des Feuers durchdringt, erwärmt und erleuchtet diese Farbe mit ihrem prächtig strahlendem Glanz alles, was sich ihr entgegenstellt und hinterläßt einen effektvollen, gewaltigen Eindruck.

Gebildet aus den Farbqualitäten Rot und Gelb, die symbolisch für die beiden Faktoren Persönlichkeit und Weisheit stehen, beinhaltet diese Farbe gewaltige, anregende Eigenschaften.

Orange hat etwas Ausstrahlendes, Mitteilendes und Ergreifendes. Es trägt den Genuß einer verfeinerten Sinnlichkeit in seinem Wesen und verkörpert, im Gegensatz zum aggressiven, lustbetonten Rot, eine liebevolle, zärtliche Erotik, verbunden mit innigen Gefühlen, Sehnsüchten und Wünschen.

Orange signalisiert optimistische Lebenslust, Gefühlswärme und Aufgeschlossenheit gegenüber den Mitmenschen, der Umwelt und den Lebensfragen im allgemeinen.

Diese Farbschwingung kann dabei helfen, Gefühlsausbrüche zu überwinden, Emotionen in geordnete Bahnen zu bringen und die Selbstkontrolle über sich zu erlangen.

Buddhistische Mönche tragen aus diesen Beweggründen orange Gewänder. Liebhaber dieser Farbe haben zuweilen auch ein gewisses Verlangen, sich hervorzutun, eine gewisse Rolle zu spielen und damit an Bedeutung und Ansehen zu gewinnen. Ihr Sinn für Musisches, Handwerkliches und Unterhaltsames ist sehr gut ausgeprägt.

Sie sind zu aufopfernder Hingabebereitschaft fähig und setzen ihre Hilfe und Unterstützung ein, wo immer es notwendig ist. Ihr Hang zur Perfektion und Genauigkeit ist auffällig. Wer diese Farbe strikt ablehnt, fühlt sich oftmals mißverstanden und von seinem Schicksal schlecht behandelt.

Er hat auch Kontaktschwierigkeiten oder Hemmungen, was auf allgemeine Vorurteile, seelische Bedrücktheit oder auf Minderwertigkeitskomplexe zurückgeführt werden kann.

Orange ist die Farbe des Selbstvertrauens, der Begeisterung, der Courage und der leichtlebigen, fröhlichen Bewältigung des Daseins.

Apricot

Diese Farbe ist ein feines, pastellfarbenes Orange.

Sie wirkt erneuernd, belebend und sanft stimulierend und kann festgefahrene, emotionale Strukturen und Blockaden lösen und abbauen. Dieser Farbton, der der Hautfarbe so nahe kommt, hält die Lebensenergie in Fluß und hat dementsprechend auch einen sehr positiven, verjüngenden und straffenden Einfluß auf die Haut. Für Schönheitsbeflissene ist apricotfarbene Unterwäsche, Nachtkleidung und Bettwäsche ein wertvoller Geheimtip!

Braun

Braun ist verdunkeltes Orange, es ist die Farbe der Erde und das macht auch ihren Charakter aus.

Die Grundbedeutung von Braun entspricht einem Bedürfnis nach Geborgenheit, Nestwärme und Gemütlichkeit, verbunden mit der Sehnsucht nach einem einfachen, ruhigen und naturverbundenen Leben. Diese Farbe entspricht dem passiven, körperlich-sinnlichen Empfinden, schenkt ein Gefühl der Verwurzelung, verleiht damit Standfestigkeit im Leben und bildet so die Grundlage zur Weiterentwicklung des höheren Seins.

Menschen, die Braun lieben, sind bodenständig, sparsam und heimatverbunden. Sie suchen nicht nach Veränderungen ihrer Lebensumstände und wollen am liebsten alles so belassen, wie es ist.

Ein übermäßiges Verlangen nach Braun weist mitunter auf Konfliktsituationen und innere Spannungen hin.

Braun symbolisiert auch den Willen zur Buße, zur Unterordnung und zum Verzicht. Es ist die Farbe der Askese, weshalb auch die Kutten mancher Orden diese Farbe haben.

Im allgemeinen wird Braun jedoch als die mütterlichhütende Farbe angesehen, mächtig wie die Erde, jedoch immer verhalten, gedämpft und niemals aufdringlich und schreiend.

Diese Farbe hat die Bedeutung des Stabilen, Gesicherten,

Wachstumsspendenden und Reellen und vermittelt damit eine Befriedigung des Bedürfnisses nach Sicherheit und Wohlstand.

Wer Braun ablehnt, macht damit deutlich, daß er gewisser Bindungen, Zwänge und Einschränkungen überdrüssig ist und sich daraus befreien möchte. Härte, Intoleranz und Unnachgiebigkeit machen ihm zu schaffen und beeinträchtigen seine Lebensgefühle.

Dunkelbraun und Schwarz sind die beiden Farben, die von Kindern am heftigsten abgelehnt werden. Das deutet auf ihre ursprüngliche, unverbildete Fähigkeit hin, das Wesen der Farben gefühlsmäßig ergründen und empfinden zu können.

Die Vorliebe für helles Braun und Beige kennzeichnet einen Menschen, der sehr warmherzig und hilfsbereit, aber auch scheu und zurückhaltend ist. Er ist kein Individualist, will auf keinen Fall auffallen und paßt sich seiner Umwelt an, um nirgends anzuecken. Aber auch eine gewisse Schwerfälligkeit, Inaktivität und Lustlosigkeit, die oft mit depressiven Gefühlsschwankungen einhergehen, ist für Liebhaber dieser Farbe charakteristisch. Die Frage nach sozialer Gemeinschaft und materieller Sicherheit ist für sie ungeheuer wichtig.

Gelb

Gelb, die hellste der bunten Farben, wirkt aufklärend, anregend, wärmend und aufheiternd.

Es ist die Symbolfarbe der Weisheit, hoher Intelligenz und des Denkvermögens.

Mit seinen positiven, magnetischen Schwingungen hat Gelb eine anregende Wirkung auf die Nerven und verkörpert das Gefühl der freien, ungehinderten Entfaltung, der Loslösung und Befreiung. Gelb, die Farbe der im Zenit stehenden Sonne, gilt auch als Symbol für Erleuchtung und Erlösung, fördert die Auffassungsgabe und den Lerneifer und wirkt sich günstig auf das Gedächtnis und das Erinnerungsvermögen aus.

Es ist die Farbe der Zufriedenheit, der Kreativität und Vorstellungskraft und ein wirkungsvolles Mittel gegen schlechte Laune, Unlustgefühle und Niedergeschlagenheit.

Sie steht nämlich immer für Freude, Heiterkeit und Lebenslust. Einen Überschwang an positiven Gefühlen bezeichnet man als die »gelbe Stimmung«. Gelb fördert die Kontaktfähigkeit, die Verarbeitung von Erfahrungen und Eindrücken und belebt das gesamte Denken durch Stimulierung der Nervenimpulse.

Eine Vorliebe für Gelb ist ein Zeichen von geistiger Regsamkeit, innerer Wachheit und einer Bereitschaft, immer etwas dazulernen zu wollen, um »auf Draht« zu sein. Intellekt und Merkvermögen sind stark ausgeprägt und aufnahmefähig.

Gelbliebhaber suchen stets nach einer Erweiterung ihres Horizonts, sind immer auf der Suche nach Neuem, lieben freie Verhältnisse, das Gefühl des Ungebundenseins und sind dabei vielfach von heftigem Fernweh erfüllt.

Diese Menschen treten bescheiden und liebenswürdig auf und sind sehr großzügig und offenherzig, vielseitig begabt und praktisch veranlagt.

Das warme, kraftvolle Gelb verkörpert damit auch mannigfaltige Interessensgebiete, geistige Fähigkeiten und Begabungen bis hin zur Genialität, wobei sich das Denken aber auch zersplittern kann, wenn nicht genügend Stabilität und Disziplin vorhanden ist. Gelbtypen haben auch die Eigenart, immer etwas von anderen zu erwarten. Dabei wiegen sie sich oftmals in falschen Hoffnungen, weil sie den Hang dazu haben, sich gewaltig zu überschätzen.

Sind sie in ihren Erwartungen enttäuscht worden, dann erleben sie jenen Gemütszustand, den man im Volksmund als »gelb vor Neid« bezeichnet.

Gelbliebhaber bevorzugen das Spekulative mehr als das gründlich Fundierte, wobei eine Art von Oberflächlichkeit entstehen kann, die einen Bezug zur Relation vermissen läßt.

Menschen, die Gelb entschieden ablehnen, tun dies oftmals aus einem Gefühl heraus, benachteiligt zu sein oder mit anderen in Konkurrenzkampf treten zu müssen. Dabei fühlen sie sich überfordert oder unterlegen und reagieren dementsprechend emotionsgeladen. Sie sind jedoch bemüht, den äußeren Schein zu wahren und neidvolle, mißgünstige Gedanken nicht offen zur Schau zu tragen.

Da Gelb die Farbe des guten Kontaktes ist, kann ihre Ablehnung ebenso auf gewisse Kommunikationsschwierigkeiten hindeuten. Das läßt auch darauf schließen, daß diese Menschen ihre tieferen Gedanken und innigeren Gefühle lieber in ihrem Inneren verschließen möchten, da sie Angst davor haben, eine Ablehnung oder Mißachtung ihrer Regungen erfahren zu müssen.

Oftmals sind sie dabei auch in festgefahrenen Konventionen und althergebrachten Meinungen verfangen und drehen sich - geistig gesehen - im Kreis. Innere Sehnsüchte, Gefühle und Wünsche werden weitgehend unterdrückt und ignoriert.

Gelb ist eine sich ausweitende, strahlende Farbe, die ihrem Wesen gemäß Freude und Fröhlichkeit bringt, den Geist belebt und eine stark anregende Wirkung auf das Lebenszentrum - das Sonnengeflecht - ausübt.

Gold

Gold vermittelt ein Gefühl der Fülle, des Glanzes und des Überflusses.

Es ist die Farbe der rechten, wahren Mitte, der universellen Liebe und höchsten Werte und steht für Idealismus, Großzügigkeit und Edelmut.

Gold macht wertvoll, kostbar und begehrenswert. Goldverpackte Ware suggeriert einen höheren Wert und rechtfertigt damit gleichzeitig einen höheren Preis.

Gold transformiert Erkennen in Verstehen, hilft bei der Bewältigung seelischer Unsicherheiten und unterstützt den Geist auf dem Weg zu universeller Weisheit.

Grün

Grün, die Farbe der Natur, der üppigen Vegetation, des erwachenden Frühlings, symbolisiert Fülle, Wachstum, Neubeginn und Aufstieg. Der Blick ins Grüne beruhigt die Nerven, belebt die Augen, stärkt die Sinne und vermittelt ein Gefühl der Ruhe und Erholung. Grün gilt als neutrale, vermittelnde und erbauliche Farbe, die erfrischend und ausgleichend wirkt und die damit Genesung, Heilung, Erneuerung, Regeneration und Wohlbefinden signalisiert.

Diese Farbe wirkt stabil, konstant und vertrauenerweckend und symbolisiert damit die festen Werte und Grundsätze im Leben. Ist das Grün tief und dunkel, dann bedeutet es auch Integrität, Würde und Stabilität, sowie Ansehen, Geltung und Prestige. Liebhaber dieser Farbe haben meistens ein zähes Temperament und starke Beharrlichkeit, gepaart mit großem

Durchhaltevermögen und Zielstrebigkeit, von der sie sich nicht so leicht abbringen lassen.

Eine starke Willenskraft und eine gesteigerte, körperliche Leistungsfähigkeit und Spannkraft gehen dabei Hand in Hand. Ehrgeiz, Verläßlichkeit, eine gute Kritikfähigkeit und ein ausgeprägtes Streben nach einer gesicherten Position, Karriere, Besitz und Sicherheit kennzeichnet die Liebhaber von Grün.

Menschen, denen die innere Stabilität von Grün jedoch fehlt, sind im verstärkten Ausmaß darum bemüht, ihr gesteigertes Geltungsbedürfnis dadurch zu befriedigen, daß sie Anerkennung, Macht und Ansehen manchmal zum Schein vorschieben, um auf diese Weise ihrem Drang nach Einfluß, Macht und Größe nachzugeben. Ein falsch verstandener Ehrgeiz verführt zu Unehrlichkeit und Vortäuschung falscher Tatsachen, womit die eigenen Unzulänglichkeiten überspielt und verdeckt werden.

Wegen seiner beruhigenden Wirkung ist Grün eine sehr wirkungsvolle Hilfe für übernervöse und cholerische Menschen. Diese Farbe fördert außerdem die Konzentration, (weshalb Computerbildschirme grün sind) sowie das Erinnerungs- und Merkvermögen.

Grün wird auch als die Farbe des Herzens, des Ausgleichs, der Harmonie, des Friedens, der Brüderlichkeit und der Hoffnung bezeichnet und ist damit eine sehr vielseitige und wichtige Farbenergie.

Türkis

Türkis gilt als die Farbe der Selbstdarstellung, sie unterstützt das Selbstbewußtsein und regt zu Phantasie und Spontanität an. Es ist aber auch die Farbe der freundschaftlichen Gefühle, der Sympathie und des Miteinanderseins. Menschen, die eine Vorliebe für diese Farbe haben, verkörpern oftmals eine leicht verspielte, kapriziöse Wesensart und sind dabei anmutig und charmant. Sie sind mitunter aber auch sehr selbstbezogen und eigenwillig und zeigen ein ausgeprägtes Verlangen nach Anerkennung und Bewunderung.

Manchmal haben sie auch zwei Seelen in ihrer Brust, entziehen sich der Realität und flüchten lieber in die Scheinwelt ihrer Phantasie. Sehr häufig befinden sich Erfinder, Künstler und außergewöhnlich kreative Menschen unter ihnen, die viel Humor haben.

Wer diese Farbe ablehnt, verdeutlicht damit aus psychologischer Sicht, daß ihm die Suche nach seinem wahren Ich schwer fällt und daß er Probleme bei der Selbstfindung und Selbstverwirklichung hat. Er möchte sich von den Spannungen und dem Druck, der ihn belastet, befreien, ist dabei jedoch sehr auf die Wahrung des äußeren Scheins bedacht und bemüht, sich keine Blößen zu geben.

Türkis ist eine sehr hilfreiche Farbe, wenn man schüchtern oder gehemmt ist, unter Kontaktschwierigkeiten leidet, oder wenn man einer Öffentlichkeit gegenübertreten muß und sich mit dieser Farbenergie zusätzlich stärken möchte.

Blau

Die allgemeine Bedeutung der blauen Farbe ist Ruhe, Frieden, Entspannung und Ausgewogenheit.

Blau wirkt beruhigend, besänftigend, kühlend und aufnahmebereit und ist die ideale Farbe für eine »blaue Stunde« in entspannter, gelöster und harmonischer Atmosphäre. Es fördert die Erlebnisfähigkeit in der Meditation und öffnet den Geist für Intuitionen und Eindrücke, die auf höheren Ebenen liegen und mit denen man auf diese Weise über das Unterbewußtsein in Kontakt treten kann, um daraus Hilfen zur Lebensbewältigung und zur Stärkung des Geistes und der Seele zu erhalten.

Das Blau des Himmels öffnet Geist und Seele und vermittelt ein wohltuendes Gefühl grenzenloser Weite und absoluter, innerer Freiheit. Es ist auch die Farbe der Sehnsucht, der Hingabe, des Glaubens, der Gottergebenheit und der Treue und symbolisiert das idealistische, verträumte und vertrauensselige Denken. Diese Wesensart wird jedoch oftmals ausgenützt und mißbraucht. Man spricht dann von einer leichtfertigen »Blauäugigkeit« des Geschädigten, der seinerseits die Welt nicht mehr verstehen kann. Blau ist die Farbe des gutgläubigen und gutmütigen Idealisten, der zur Selbstlosigkeit und Hilfsbereitschaft neigt und für den Ruhe, Ordnung und Frieden das Erstrebenswerteste schlechthin ist.

Menschen, die Blau lieben, haben meist einen ausgeglichenen Charakter und sind anpassungsfähig, sensibel und treu.

Sie vermeiden Unstimmigkeiten und gehen einem Streit lieber aus dem Weg, denn sie sind friedfertig und zurückhaltend.

Blau symbolisiert aber auch Gelassenheit, Selbständigkeit, Pflichterfüllung und Beachtung von Gesetz und Ordnung.

Als Selbstwertgefühl entspricht Blau der Anpassung an notwendige Erfordernisse und Gegebenheiten und hat damit einen Hang zum Konservativen, Strengen und Traditionellen.

Erfolgsbewußte Vernunftmenschen, die sich gut unter Kontrolle haben und die auf ein distinguiertes, vornehmes

Äußeres Wert legen, bevorzugen diese Farbe besonders deutlich, denn blaue Kleidung wirkt vornehm, elegant und unaufdringlich.

Eine strikte Ablehnung von Blau weist auf eine depressive, abweisende Haltung, mit welcher meist große Enttäuschungen verbunden sind. Das kann oftmals mit einer zwangsläufigen Isolation oder einem schmerzlichen Verlust im Zusammenhang stehen, wie es nach einer plötzlichen Trennung durch Tod, oder nach einer Scheidung der Fall ist. Aber auch mangelnde Erfüllung im Partnerbereich und seelische Vereinsamung verdeutlichen sich mitunter in einer negativen Einstellung der blauen Farbe gegenüber.

Blau fördert die Fähigkeit zur Ausgeglichenheit und Gelassenheit und ist damit für überforderte, gestreßte und unruhige Menschen eine wertvolle Hilfe. Aus diesem Grund sollten zerstreute, unkonzentrierte und zu lebhafte Kinder unter Blaulicht ihre Schularbeiten verrichten.

Blau löst ein Gefühl der Ruhe, Harmonie und Geborgenheit aus und vermittelt damit Entspannung und Zufriedenheit.

Indigo

Die Wirkung der verdichteten Farbkonzentration von Indigo ist dementsprechend tiefgreifend und vielfältig. Diese Farbschwingung gilt als Symbol mystischer Grenzgebiete und spiritueller Kräfte.

Sie steht für vollkommenes »Heilsein« in der wahren Bedeutung dieses Wortes, für universelles Bewußtsein, Ausgeglichenheit, Gelassenheit, Gottvertrauen und Friedfertigkeit.

Damit verkörpert Indigo in der Verschmelzung aller übrigen sechs Farben, aus der Mitte des Farbkreises heraus, die geballte Kraft der Spektralfarben, in ihrer ausgewogenen Vereinigung.

Violett

Violett, die Farbe, die im Spektrum zwischen Rot und Blau steht, sie symbolisiert die Verwandlung, das Überschreiten und Hinübergleiten.

Sie ist die Vereinigung zweier entgegengesetzter Pole, das Zusammenfließen zweier Kräfte, die Verschmelzung zweier Energiefaktoren, die im Kontrast zueinander stehen.

Violett ist die Farbe der Inspiration, der Mystik, der Magie und des Zaubers.

Im Violett vereinigen sich also zwei Gegensätze, nämlich die blaue Ruhe und die rote Antriebskraft. Die blaue Ruhe wird von der roten Antriebskraft angeregt und die rote Antriebskraft wird durch die blaue Ruhe ausgeglichen und in eine sensible Empfindsamkeit getaucht. In seiner Mischung aus Rot und Blau weist Violett eine Vereinigung der beiden damit verbundenen Symbole Materie und Geist auf. Materie und Geist sind im irdischen Leben vielerlei Umwandlungsprozessen und Läuterungen unterworfen, was mitunter sehr schmerzhafte Erfahrungen und Eindrücke auslösen kann. Deshalb wird Violett auch mit Leid, Buße, Verzicht und Abkehr von weltlichen Genüssen in Verbindung gebracht.

Liebhaber dieser Farbe sind sehr sensibel und stark nach innen gekehrt. Sie fühlen sich als nicht zur Masse gehörig und suchen die beschauliche Zurückgezogenheit, weit ab von

Lärm und Trubel. Bei Menschen, die Violett bevorzugen, handelt es sich immer um sehr ungewöhnliche Individualisten, hochsensible Künstler, oder um introvertierte Außenseiter, die als Sonderlinge angesehen werden. Der violetten Farbe haftet immer etwas Außergewöhnliches an. In einer Welt des nüchternen Realismus wird ihr allerdings nicht allzuviel Liebe und Bewunderung entgegengebracht.

Bei Kindern ist Violett jedoch eine sehr beliebte Farbe, wie Farbforscher herausgefunden haben.

Menschen, die Violett ablehnen, sind oftmals mit starken Depressionen und Stimmungsschwankungen belastet, oder sind in erotischen Gefühlen und Sehnsüchten verstrickt, die quälend nach einer »Befreiung« drängen.

Blaß-Lila symbolisiert wahre Nächstenliebe und Opferbereitschaft. Menschen, die diese Farbe bevorzugen, haben oftmals eine besondere Beziehung zum Erdulden und Erleiden und sehen das als notwendige Prüfung an, die ihnen das Schicksal auferlegt. Die Vorliebe für diese Farbe nimmt mit zunehmendem Alter bedeutend zu, was auf Erfahrung und Reife schließen läßt und damit verbunden auf ein Verständnis für Leid und Nöte.

Schwarz

Schwarz entspricht einem Ausdruck von Trauer, Verlust, Hoffnungslosigkeit und verdeutlicht damit das Unergründliche, Geheimnisumwitterte, Finstere und Furchterregende.

Es ist die Farbe des Todes, die eine unendliche Lichtlosigkeit, Verlassenheit und Unabänderlichkeit ausdrückt.

Das farblose, strenge und undurchschaubare Schwarz findet aber auch als Ausdruck besonderer Festlichkeiten und denkwürdiger Anlässe seine Bedeutung und stellt hier seinen Anspruch auf Würde und Ansehen. Schwarz steht im krassen Widerspruch zu allem was bunt, lebensfroh und anregend ist. Es wendet sich von allem Vitalen, Lebenswerten, Lichthaften ab und ist damit ein Sinnbild für alles Verlöschende, Absterbende, Dunkle.

Damit deutet es auf etwas Unbezwingbares, Endgültiges und drückt so gewisse negative Gefühle aus, die mit Zwang und Überdruß in Verbindung stehen.

Eine Ablehnung von Schwarz deutet darauf hin, daß man nicht gewillt ist, sich von Undurchschaubarem, Bedrohlichem ängstigen zu lassen. Man hat die richtige Relation zum Sinn seines Lebens und der Notwendigkeit seiner Schicksalsbewältigung gefunden und lebt selbstbewußt und mit Gottvertrauen, im Wissen um die Kraft des Geistes, der Abgründe überwinden und Schwierigkeiten bereinigen kann. Da Schwarz auch ein Ausdruck von Angst, Furcht und Mutlosigkeit ist, zeigt sich in einer Ablehnung dieser Farblosigkeit ein starker Lebenswille, eine Bereitschaft zum Kämpfen und ein Bewußtsein, Erfolg zu haben und Siege zu erringen, auf allen Ebenen und in allen Lebenslagen.

Wer Schwarz jedoch bevorzugt, der drückt damit aus, daß er innere Wünsche und Bedürfnisse gerne unterdrückt und sich dafür lieber mit einem geheimnisvollen, undurchsichtigen Image umgibt, um damit einen interessanten Eindruck zu erwecken.

Oftmals erregen diese Menschen große Aufmerksamkeit, weil sie als schillernde Persönlichkeiten auftreten, die sich sehr gekonnt und eindrucksvoll darstellen können.

Schwarz bevorzugen vor allen Dingen auch diejenigen, die

einen starken Hang zur Dramatik haben, riskante Situationen lieben, dabei aber unergründlich und damit unantastbar bleiben möchten.

Psychologisch betrachtet, weist eine übergroße Vorliebe für Schwarz auch auf Angst, Neurosen und Depressionen hin und verdeutlicht den Wunsch, sich nach außen hin abschließen und verbergen zu wollen.

Weiß

Weiß ist als hellste Farbschwingung ein Symbol der Reinheit, Klarheit, Erhabenheit und Unschuld.

Es verdeutlicht das Vorhandensein des Lichts, die Auflösung aller Grobstofflichkeit, den vollkommenen Zustand der Entmaterialisierung, die Erlösung. Weiß gilt aber auch als Zeichen der Unnahbarkeit, Empfindsamkeit und kühler Reserviertheit.

Menschen, die Weiß bevorzugen, neigen sehr zu Perfektionismus, abstrakten Ideen und kühnen Plänen. Sie sind aufgeschlossene, lebendige Persönlichkeiten, die kühl und zielstrebig ihr Leben vorausblickend und erfolgsbewußt planen und verfolgen.

Diese Menschen legen besonderen Wert auf ihren Ruf und ihre Ausstrahlung, geben sich aber nach außen hin kühl und sachlich. Distinguiert und zurückhaltend erledigen sie ihre Aufgaben und haben dabei einen ausgeprägten Instinkt für gute Geschäfte und vorteilhafte Gelegenheiten.

Verläßlichkeit, Aufrichtigkeit und Wahrheitsliebe sind hervorragende Eigenschaften der Liebhaber von Weiß.

Sauberkeit, Ordnung und eine gute Vorausplanung ihres

Lebens ist für sie sehr wichtig, denn das sind Grundsätze, die ihrer zum Perfektionismus tendierenden Mentalität und ihrer Lebensauffassung entsprechen.

Im Falle eines inneren Konflikts, einer Zwangslage oder einer starken, seelischen Belastung bedeutet die Wahl von Weiß den Wunsch nach Befreiung, Erleuchtung, Erlösung, nach einer Bereinigung und einem Neubeginn.

Das reine Weiß gilt nämlich als Ausdruck der inneren Klärung und Auflösung einer unliebsamen Situation, löscht alte Gedankenstrukturen aus und macht damit bereit für einen neuen Anfang. Eine Ablehnung von Weiß läßt auf geistige Ziellosigkeit und auf eine innere Leere schließen. Angst, Schuldgefühle, Phobien oder Selbstverachtung sind mitunter Gründe für diese Haltung. Weiß hat einen ausstrahlenden, blendenden Effekt und wirkt damit anstrengend auf die Augen. (Daher verwendet man heute in Operationssälen grüne Wäsche.)

Die »weiße Flagge«, die als Zeichen der Kapitulation gehißt wird, verdeutlicht das klärende, bereinigende Wesen der Farbe Weiß.

Grau

Grau ist die Farbe vollkommener Neutralität, Vorsicht und Kompromißbereitschaft.

Sie ist weder beruhigend noch erregend, sondern eine anpassungsfähige, kombinationsfreudige und diskrete Farbe, die vorwiegend von Menschen bevorzugt wird, die sich gerne abschirmen und distanzieren, die nicht »Farbe bekennen« wollen, sondern sich lieber bedeckt halten und als »graue

Eminenz« unauffällig aus dem Hintergrund agieren.

Grau wird meist auch von älteren Menschen bevorzugt, die sich von allen Aktivitäten zurückgezogen haben und ein ruhiges, zurückgezogenes Leben führen möchten.

Oftmals tendieren auch diejenigen zu Grau, die sich um äußere Erhabenheit und vornehme Distanz bemühen, ohne dabei aber die innere Stabilität und Integrität dafür zu besitzen.

Grau ist aber auch die Farbe der Verdrängung, Einschränkung, Unsicherheit und Lebensangst. Man sieht alles »grau in grau«. Einen Menschen, der solche Tendenzen aufweist, bezeichnet man im Volksmund als »graue Maus«.

Wer Grau ablehnt, ist mitunter von einer tiefliegenden Angst erfüllt, seinem Leben nicht gewachsen zu sein und zu versagen. Mißerfolge, Niederlagen, Langeweile oder schlechte Kritik sind bedrohliche Faktoren, die ihm beängstigend vor Augen schweben und denen er sich durch besonders intensiven Arbeitseinsatz, und pausenlose Aktivitäten zu entziehen versucht.

Das bedrückende Grauerlebnis steht auch mit Begriffen wie Not, Zwang, Bedrängnis und Angst im Zusammenhang.

Grau liegt im dichten Nebel, raubt die Sicht und verdeckt das Ziel. Es *graut* einem vor einer ungewissen Zukunft und man erwartet sehnsüchtig den Silberstreifen am Horizont.

Man spricht auch von »grauer Theorie« oder »Grauzone« und darin verdeutlicht sich die Bedeutung von Grau als Grenze zwischen vertrauten und fremden, bekannten und unbekannten, gelebten und ungelebten Dimensionen.

Die Beziehung, die ein Mensch zu Grau und dem damit verbundenen Helligkeitsgrad hat, ist sehr aufschlußreich im Zusammenhang mit seiner subjektiven Empfindung und seiner seelischen Stimmung. Dunkles Grau wirkt bedrohlich, besonders wenn es zu Bleigrau tendiert, während helles Silbergrau als Hoffnungsträger in einer Wartestellung angesehen werden kann.

Der Farbcharakter

Die vier Temperamente und ihre Farben

Die Lehre von den vier Temperamenten und ihre Auswirkung auf den Charakter eines Menschen reicht zurück bis ins Altertum.

Empedokles von Agrigent (530-490 v. Chr.) erklärte damals, daß die vier Elemente - Erde, Feuer, Wasser, Luft - die vier treibenden Kräfte darstellen, in denen die Qualitätsprinzipien alles Seienden ihre Symbolik finden.

Dieser Auffassung war auch Hippokrates (460-377 v. Chr.), der darüber hinaus folgende These aufstellte:

Die Hauptqualitäten der vier Elemente sind - kalt, warm, feucht, trocken - und tragen die Eigenschaften - flüssig, permanent, gasförmig und fest - in sich.

Die Lehre von den Temperamenten der vier Elemente und ihre Beziehung zum menschlichen Charakter wurde damit zur Grundlage der damaligen medizinischen Theorie erhoben. Dabei brachte man die mehr oder weniger ausgeprägte Individualität des menschlichen Denkens und Fühlens mit den vier Kardinalsäften im Körper in Zusammenhang. Jedes der vier Temperamente wurde nach dem in ihm vorherrschenden Kardinalsaft charakterisiert und benannt und so entstanden folgende Begriffe:

Choleriker	gelbe Galle, das Warme Charakter: heißblütig, leicht erregbar, schnell aufbrausend
Sanguiniker	Blut, das Kühle Charakter: leichtblütig, heiter, optimistisch
Phlegmatiker	Schleim, das Feuchte Charakter: kaltblütig, wenig erregbar, gleichgültig
Melancholiker	schwarze Galle, das Trockene Charakter: schwerblütig, ernst, zurückhaltend

Diese vier Wesensformen - cholerisch, sanguinisch, phlegmatisch, melancholisch - entsprechen den vier Spektralfarben: Rot, Gelb, Grün und Blau.

Das cholerische Temperament

Dieser Wesensart wird das Element ***Feuer*** zugeordnet.

Choleriker sind leicht erregbare, heißblütige, schnell aufwallende Menschen, die leicht aus der Fassung geraten und schnell in einen Streit verwickelt sind.

Sie sind begeisterungsfähig, mitreißend, beweglich, immer dominierend, tatendurstig und lebendig - ohne Rast und Ruhe.

Ihnen wird ein Übermaß an Tatkraft, Bewegungsdrang und Leistungsfähigkeit zugeschrieben, die mit körperlicher Robustheit und einer relativ unkomplizierten Wesensart einhergehen.

Menschen dieses Temperaments zeigen Charakterfestigkeit und Willensstärke. Sie sind sehr zielstrebig, voll Aktivität und Eifer, was mit einem gesteigerten Ehrgeiz, Strebsamkeit und Fleiß verbunden ist.

Kühnheit, Mut und kompromißlose Entschlossenheit begleiten sie auf ihrem Weg zu ihren hochgesteckten Zielen und Wünschen. Die verstärkte Neigung zu heftigen Gemütsbewegungen läßt sie zwar rasch explodieren, ihr ausgeprägtes Vernunftsdenken wirkt jedoch als ausgleichender Gegenpol und so sind sie auch schnell wieder beruhigt und versöhnt.

Dominante Eigenschaften dieses Charakters sind unter anderem auch eine verstärkte Neigung zur Unmäßigkeit, Eifersucht, Genußsucht sowie zu Leidenschaften und Abhängigkeit.

Rot symbolisiert Dynamik, Energie und Begeisterungsfähigkeit. Sie entspricht dem heißblütigen Choleriker in ihrem Farbcharakter, denn Rot gilt als Ausdruck der Lebensfreude, der Wärme und der Vitalkraft, aber auch der heftigen, unbeherrschten, zornig aufbrausenden Gefühlsausbrüche und Gemütsbewegungen.

Das sanguinische Temperament

Dieser Wesensart wird das Element ***Luft*** zugeordnet.

Sanguiniker symbolisieren das Lichte, Heitere, Leichtlebige und Fröhliche. Optimismus und Lebensfreude liegen in ihrem leichtblütigen, beschwingten Wesen. Stimmungen kommen und gehen im raschen Wechsel, nichts wird übermäßig tragisch genommen.

Schwierigkeiten werden mit einer gewissen Lässigkeit leicht überwunden, da sie nicht als besonders tiefgreifend und nachhaltig empfunden werden.

Diese Menschen sind lebensbejahend und lebenshungrig, verfolgen ihr Ziel energisch und erfolgsbewußt, sind sehr lustbetont und lieben die Abwechslung und Unterhaltung, im Bestreben, ihrem Leben damit die schönsten Seiten abzugewinnen und so viel wie möglich genießen und erleben zu können.

Sie sind sehr kreativ und phantasievoll, produktiv und fleißig, wobei jedoch Ausdauer und Stetigkeit nicht gerade ihre Stärke sind.

Positive Charaktermerkmale sind unter anderem Offenheit, Herzlichkeit, Frohsinn und Gewandtheit im Auftreten und im Selbstausdruck.

Negative Aspekte zeigen sich in einer gewissen Oberflächlichkeit und Unzuverlässigkeit, sowie in Ungeduld, Unehrlichkeit, Klatschsucht und Launenhaftigkeit.

Gelb entspricht mit seinem Farbcharakter dem Temperament des Sanguinikers.

Diese Farbschwingung symbolisiert die im Zenit stehende Sonne sowie den reifen Menschen im Vollbesitz seiner Kräfte, dessen Charakter Merkmale eines strahlend schönen und warmen Sommertages, der mit Licht erfüllt ist, in sich trägt.

Das phlegmatische Temperament

Dieser Wesensart wird das Element Wasser zugeordnet.

Phlegmatiker sind wenig erregbare, gemütliche und bequeme Menschen, die ihren Vorteil zu wahren wissen, sehr realistisch und vernunftsbetont sind und die ihr Denken vorwiegend auf materielle Dinge fixieren.

Für hochgeistige Dinge, die für sie nicht greifbar sind und die auch keinen reellen Gewinn einbringen, findet sich bei ihnen wenig Interesse, denn für sie zählt nur der irdische, materielle Aspekt. Dieser Charakter verdeutlicht erdgebundene, grobstoffliche Wesenszüge. Solche Menschen befassen sich daher auch nicht gerne mit geistigen und subtilen Dingen, um sich auf diese Weise zu Höherem, Unvergänglicherem aufzuschwingen.

Nur die greifbare Realität findet bei ihnen Anerkennung und Beachtung.

Sie besitzen Ausdauer, Konzentration und Gewissenhaftigkeit, sind sehr beständig und anpassungsfähig, wenn sich darin ein Vorteil oder Gewinn erkennen läßt, aber sie sind auch sehr vorsichtig, kritisch und abwägend, wenn es um Entscheidungen oder Vorhaben geht. Ansehen, Prestige und Anerkennung sind für diese Menschen von ganz besonderer Wichtigkeit und werden daher sehr bewußt angestrebt und gepflegt.

Charakteristische Merkmale sind unter anderem auch eine gewisse Gleichgültigkeit, Trägheit, Unversöhnlichkeit und Eigensinn, was sich auf einen Mangel an Kompromißbereitschaft zurückführen läßt.

Grün - die dominante Farbe der Natur, charakterisiert den erdgebundenen, realistischen Phlegmatiker. Die dunkelgrüne Farbschwingung symbolisiert die Neige des Tages, das langsame Dahinschwinden von Licht und Wärme, das Hereinbrechen der Abenddämmerung.

Das melancholische Temperament

Dieser Wesensart wird das Element ***Erde*** zugeordnet.

Melancholiker sind ernste, zurückhaltende, verschlossene Menschen, die eine ausgeprägte Neigung dazu haben, in düstere, depressive Stimmungen zu verfallen, die sehr intensiv und langanhaltend sein können.

Sie empfinden die Betriebsamkeit und Hektik ihrer Umwelt als Belästigung, flüchten viel lieber in die Stille und Einsamkeit, haben eine große Neigung zum Grübeln, sind unzufrieden mit sich und ihrem Leben, haben aber andererseits auch keinen großen Tatendrang.

Es fehlt ihnen an Energie und Lebensfreude, sie sind reizbar und überempfindlich und versinken oftmals in Lethargie und Lustlosigkeit, wobei sich diese Phasen bis zur Gemütskrankheit und zum Lebensüberdruß steigern können.

Unnachgiebigkeit, Niedergeschlagenheit und Verschlossenheit führen oftmals zur Vereinsamung und zur schmerzhaften Entbehrung zwischenmenschlicher Kontakte und liebevoller Zuwendungen anderer.

Die liebenswerten Eigenschaften dieses Charakters verdeutlichen sich in ausgeprägter Hilfsbereitschaft, Sanftmut, Geduld, Achtung und Barmherzigkeit den Mitmenschen gegenüber, sowie in Bescheidenheit, Ergebenheit und Fügsamkeit, gepaart mit sozialer Einstellung und einem absoluten Gerechtigkeitsempfinden.

Anhänglichkeit und Treue, verbunden mit einer Fähigkeit zu tiefen, innigen Gefühlen, sowie ein starker Glaube und Gottergebenheit kennzeichnen diesen Charakter ebenso, wie seine tröstende, beruhigende Wesensart, die mit Aufrichtigkeit und Verläßlichkeit bereichert ist.

Blau - die dunkelste Farbe des Lichtspektrums entspricht in ihrer beruhigenden, erhebenden, zurückhaltenden und friedvollen Wirkung dem Temperament des Melancholikers.

Der Vier-Farben-Mensch

Ganz typische und exakt auf das Grundschema bezogene Temperamente findet man in der Regel äußerst selten.

Die meisten Menschen haben einen gemischten Charakter, der sich aus verschiedenen Temperamenten zusammensetzt, und je nach Stimmungslage bald zur einen und bald zur anderen Seite tendiert. Die heilenden Einflüsse und die nachhaltige Wirkung der einzelnen Farben sind bei den verschiedenen Temperamenten unterschiedlich, da die Aufnahmefähigkeit der einzelnen Farbheilkräfte vom individuellen Charakter und dem damit verbundenen Temperament eines Menschen abhängig ist.

Der Melancholiker mit seinen lange andauernden, depressiven Stimmungen und den damit verbundenen, langsamen rhythmischen Schwingungen benötigt zur Aufnahme der Farbenergie mehr Zeit als der leichtbeschwingte, optimistische Sanguiniker, oder der schnellrhythmische, feurige Choleriker.

Die Wirkung der einzelnen Farben entspricht ihrem jeweiligen Farbcharakter:

Rot ist die Farbe mit dem cholerischen Charakter.

Sie bringt das Blut in Wallung und wirkt anregend, aufmunternd, ermutigend, kraftspendend und vitalisierend.

Diese Farbe ist mit ihrem beweglichen, hitzigen Temperament überall dort von Nutzen, wo eine Anregung und Steigerung der Lebensenergie, Tatkraft, Mut zum Risiko und Durchsetzungsvermögen notwendig erscheint.

Ihr ausgleichender Gegenpol ist das melancholische Blau.

Gelb ist die Farbe mit dem sanguinischen Charakter.

Sie bringt den Geist in Schwung, spendet neue Energien und Lebensfreude, wirkt gegen Ermüdung und Lustlosigkeit und stimmt heiter, gelöst und fröhlich.

Düstere Gemütsstimmungen lassen sich mit Gelb sehr schnell ausgleichen.

Der Gegenpol dieser Farbe ist das phlegmatische Grün.

Grün ist die Farbe mit dem phlegmatischen Charakter.

Sie bewirkt Entspannung, Erholung, Ausdauer, Stabilität, Disziplin, fördert die Bequemlichkeit und wirkt beruhigend auf Herz und Nerven.

Der Gegenpol dieser Farbe ist das sanguinische Gelb.

Blau ist die Farbe mit dem melancholischen Charakter.

Sie wirkt beruhigend, schmerzlindernd, kühlend, erfrischend und fördert die Fähigkeit zur Entspannung, Ruhe und Ausgeglichenheit. Ihr harmonischer Gegenpol ist das cholerische Rot.

Die vier Farben der einzelnen Temperamente finden sich in verschiedenen Mischungen und Nuancen in den Charakterzügen und Veranlagungen eines Menschen wieder.

Der ***orange Charakter***, der sich aus dem cholerisch roten und dem sanguinisch gelben Temperament zusammensetzt, verdeutlicht auch die Charaktereigenschaften dieser beiden Farben.

Er kennt keinen »tierischen Ernst« und keine falschen Sentimentalitäten und ist frei von Lebensangst und Depressionen. Dynamisch und lebensfroh verkörpert er einen gesunden Ausdruck von Lebensbejahung, innerer Leidenschaft und pulsierender Vitalenergie.

Er ist aber auch ein eigenmächtiger Charakter, der Dominanz und Führungsposition beansprucht und gerne ein Leitbild für andere ist. Dadurch kann es leicht zu einer Überschätzung der eigenen Kräfte kommen.

Die beiden farblichen Gegenpole Grün und Blau sorgen für Disziplin, Stabilität, Ruhe und Entspannung und bewirken, daß man sich nicht total verausgabt und überfordert, sondern eine harmonische Ausgeglichenheit erfährt.

Der ***violette Charakter*** vereinigt in sich das passive Blau des Melancholikers und das aktive Rot des Cholerikers und ist daher unstet, rastlos und sehr wechselhaft.

Vitalität und Durchschlagskraft wechseln sich mit Ruhebedürfnis und Mattigkeit in einer häufigen Folge ab, was sich in Stimmungsschwankungen und Launenhaftigkeit lebhaft ausdrückt. Die beiden farblichen Gegenpole Grün und Gelb verhelfen zu Beharrlichkeit, Ausgewogenheit und heiterer Gelassenheit und geben damit die ausgleichenden Impulse für eine zielgerichtete, verantwortungsbewußte Lebenshaltung.

Der ***blau-grüne Charakter***, der sich aus dem melancholischen und phlegmatischen Temperament zusammensetzt, verdeutlicht sich in einem übermäßigen Eifer, unermüdlichem Fleiß und starkem Pflichtbewußtsein, weist aber einen Mangel an Leichtlebigkeit, Fröhlichkeit und Optimismus auf. Es fehlt ihm die Fähigkeit, sich einmal seinem festgefügten Alltag zu entziehen, um das Leben richtig zu genießen, abzuschalten und die Seele »baumeln« zu lassen. Realitätsbezogen klammert sich das Denken vorwiegend an die Materie, wodurch das Leben oftmals als schwere Bürde empfunden wird, die kaum zu ertragen ist.

Die beiden farblichen Gegenpole Rot und Gelb verschaffen den harmonischen Ausgleich, indem sie Impulse für Lebensenergie, Gelassenheit und Optimismus zuführen.

Der ***blau-gelbe Charakter***, der sich aus dem melancholischen und sanguinischen Temperament zusammensetzt, weist starke Gegensätze auf, die sich von »himmelhoch jauchzend« bis »zu Tode betrübt« erstrecken. Es fehlt an Durchsetzungsvermögen und Zielstrebigkeit, weil die nötige Stabilität und Ausdauer nicht gegeben ist. Phantasie und Vorstellungsvermögen, verbunden mit romantischen, sentimentalen Gefühlen sind reichlich vorhanden, aber es fehlt die Fähigkeit zur Realisierung von Plänen und Wunschvorstellungen. Die beiden farbigen Gegenpole Rot und Grün vermitteln anregende Impulse für Dynamik, Durchsetzungsvermögen, Stabilität und Beharrlichkeit und sorgen damit für eine Ausgewogenheit dieses labilen, unbeständigen Charakters, der zwar viele liebenswerte Wesenszüge in sich trägt, aber die Stimulation von Rot und Grün dringend benötigt, um dem Lebenskampf gewachsen zu sein.

Der ***grün-gelbe Charakter*** ist eine Mischung aus dem phlegmatischen und sanguinischen Temperament und weist damit eine gute Zusammensetzung aus Zielstrebigkeit, Stabilität, Heiterkeit und Lebensfreude auf. Ruhige Besonnenheit und überschäumende Fröhlichkeit wechseln sich ab, begleitet von der Kraft zu abstraktem und kreativem Denken, erfolgreichem Handeln und der planmäßigen Durchführung von Vorhaben.

Die beiden farbigen Gegenpole Rot und Blau fördern die Dynamik und Durchschlagskraft einerseits und die Entspannungsfähigkeit und die Kraft zum Loslassen andererseits, um Ruhe zu finden und neue Energien tanken zu können.

Der ***rot-grüne Charakter***, eine Mischung aus dem cholerischen und phlegmatischen Temperament, ist voll Tatendrang, Vitalität und Dynamik, gepaart mit Ausdauer, Besonnenheit und Selbstdisziplin. Er ist eine gute Voraussetzung für Erfolg und Karriere.

Die beiden farbigen Gegenpole Gelb und Blau vermitteln die Fähigkeit zu heiterer Gelassenheit und wohltuender Entspannung.

Farben als Heilmittel

Die Farbenergie läßt sich nicht nur auf körperlichem, sondern auch auf seelischem Gebiet als Heilanreger einsetzen.

Unser gesamter Organismus befindet sich in ständiger Schwingung. Jede Zelle, jedes Molekül ist eines der unzähligen, schwingenden Einzelsysteme, eingebettet in einer schwingenden, von gewaltigen Energien erfüllten Natur.

Eine uns übergeordnete Instanz sorgt dafür, daß die vielen, kleinen Schwingungssysteme einem einheitlichen Gesetz gehorchen. Solange sich diese Bewegung harmonisch in die vielfältigen Bewegungen der Natur einzufügen vermag, fühlen wir uns gesund und wohl.

Die Farbtherapie beruht darauf, die Regulationskräfte des Körpers zu stärken und damit eine Vitalisierung herbeizuführen. Dabei erhält der Organismus die Energien, die er benötigt, um wieder in sein geordnetes Gleichgewicht zurückfinden zu können.

Unser Auge nimmt die Schwingungen von Licht und Farben auf, wobei sich die pigmentbildenden Epithelzellen des Auges teilen und vermehren. Daß das Farblicht aber nicht nur über das Auge in den Organismus eindringt, sondern daß die Haut als Tor zum Inneren dabei eine bedeutungsvolle Rolle spielt, beweist die Tatsache, daß blinde Menschen Farben fühlen können, indem sie ihre Schwingungen über die Haut in sich aufnehmen und so von ihrer Wirkung profitieren. Wäre das nicht so, dann würden sie unter starken Mangelerscheinungen leiden.

Unsere Haut ist eine Art Antenne. Sie nimmt Farbinformationen von außen auf und leitet sie nach innen weiter. Die

Sinnesorgane haben eine vermittelnde Funktion zwischen innen und außen.

Alles, was an sichtbaren und unsichtbaren Strahlen, Schwingungen und Impulsen auf unseren Körper trifft, löst also Reaktionen aus. Das Reizmittel ***Farbe*** muß dafür aber spezifiziert und den jeweiligen Bedürfnissen angepaßt werden, damit es seine Wirksamkeit voll entfalten kann.

In einer gestörten Zelle fehlt die fließende, energetische Information, und es kommt zu einer Veränderung ihrer Licht- und Farbqualität. Farblicht bewirkt eine heilsame Reaktion im gesamten Organismus und stellt eine sanfte, ganzheitliche und schmerzlose Therapiemöglichkeit dar, die eine positive Resonanzwirkung auf die Zellen ausübt und das Übergreifen falscher Schwingungspotentiale auf die Umgebung verhindert.

Licht ist in der menschlichen Zelle einwandfrei von Wissenschaftlern nachgewiesen worden. Jede lebende Zelle erzeugt selbst einen feinen bioelektrischen Strom, da sie durch ihren Stoffwechsel verschiedenen, chemischen Umwandlungen unterworfen ist.

Dieser Strom kommt einerseits aus den Elektrolyten des Blutes und der Lymphe und andererseits aus dem Kosmos, der Sonne, dem Licht, den Farben. Die große, kosmische Ordnung findet in den kleinsten Bausteinen des Lebens, in den Zellen, ihre vollkommene Entsprechung, ihre absolute Polarität.

Farblicht vermittelt unserem Organismus heilsame Impulse und hat einen wirkungsvollen Einfluß auf körperliche und psychische Störungen.

Mit der Farbtherapie lassen sich folgende Symptome günstig beeinflussen:

* Linderung von Schmerzen
* Aufbau des Zellgewebes
* Anregung sämtlicher Körperfunktionen
* Bildung der roten Blutkörperchen
* Stoffwechsel- und Zirkulationsanregung
* Erweiterung kleinster Blutgefäße und Kapillare
* Eindämmung von Entzündungen
* Zerstörung von Eiterkeimen und Bakterien
* Durchblutung und Straffung des Gewebes
* Harmonisierung von Überfunktionen

Die Heilwirkung der sieben Spektralfarben

Die Farbstrahlen aus dem Sonnenspektrum beinhalten gewaltige Heilenergien, die hervorragende Wirkungen bei den verschiedensten Leiden und Unpäßlichkeiten entfalten können, wenn man sie ihrer Wirkung entsprechend gezielt einsetzt.

Rote Farbschwingungen bewirken eine Ausdehnung der Gefäße und erzeugen damit eine kräftigere Durchblutung, wogegen die blauen Farbschwingungen eine Verengung der Gefäße und damit eine Blutleere verursachen, wodurch die Haut gegen Schmerzen unempfindlich gemacht werden kann, denn die blauen Farbimpulse setzen die Erregung des Nervensystems herab und wirken damit besänftigend, kühlend und schmerzlindernd.

Krankheitsanzeichen wie Fieber, Entzündungen oder Schwellungen zeigen durch Rötung an, daß im Körper zuviel Hitze vorhanden ist. Zur Wiederherstellung des Gleichgewichts benötigt man hier den Gegenpol, die kühlende, beruhigende blaue Farbenergie, um einen Ausgleich zu erzielen.

Rote und orangegelbe Farbschwingungen erzeugen durch ihre feinen, bioelektrischen Schwingungen einen leicht fieberähnlichen Zustand, der die körpereigenen Abwehrkräfte anregt und damit den Genesungsprozeß einleitet.

Orange Farbschwingungen haben eine vitalisierende, anregende und kräftigende Wirkung auf den Organismus, während die gelben als nervenstärkende, verdauungsfördernde und magenanregende Reize eingesetzt werden.

Grüne Farbschwingungen wirken ausgleichend und erfrischend, desinfizierend, bakterientötend, Muskel und Gewebe bildend und den Stoffwechsel regulierend.

Indigoblaue Farbschwingungen tragen besonders intensive Heilenergien in sich, da sich in ihnen die Wirkung aller sechs Farben verdichtet.

Violette Farbschwingungen vermitteln anregende Schwingungsreize auf Lymphe und Milz und haben eine vitalisierende Wirkung. Man weiß heute auch, daß die Farbenergie die Keimdrüsen beeinflußt, die Hormondrüsen steuert, vitaminbildend ist und unzählige Reaktionen im Organismus auslöst, die den Heilungsprozeß fördern und die Gemütsverfassung günstig beeinflussen.

Die einzelnen Farbstrahlen haben also, ihrem jeweiligen Charakter entsprechend, ganz spezifische Heileffekte und stellen damit eine konzentrierte Engergie zur Verfügung, die im Körper tiefgreifende Reaktionen auslöst und die über die Nervenbahnen zu den betroffenen Organen weitergeleitet wird, um dort eine Heilwirkung zu erzielen.

Der rote Heilstrahl

Rot ist eine aktive, dynamische Heilfarbe und strömt eine wärmende, belebende und anregende Wirkung aus, die Vitalität, Energie und Leistungsfähigkeit vermittelt. Diese Farbe besitzt das größte Durchdringungsvermögen.

Rote Farbstrahlen haben einen harmonisierenden Einfluß auf plötzliche Schwächezustände, Bewegungsstörungen, mangelhafte Durchblutung, Blutarmut und Appetitlosigkeit. Sie liefern wärmende Energie bei Erkältungskrankheiten, körperlicher Erschöpfung und nachlassender Geschlechtskraft.

Die rote Heilenergie dient zur Stimulation aller Energiemangelzustände im Körper, denn sie vermittelt Aktivität, Aufbau und Kraftzufuhr.

Sie wirkt anregend auf Lunge, Herz und Venen, erweitert die Gefäße und verbessert das Strömungsgefälle des Blutes, fördert die Bildung der roten Blutkörperchen, belebt Blutzirkulationsstörungen und zu niedrigen Blutdruck, verstärkt die Atemtätigkeit und hilft dabei, Stoffwechselblockaden schneller abbauen zu können.

Der rote Heilstrahl ist eine wirkungsvolle Energie bei: Blutarmut, Magersucht, Lähmungserscheinungen, Muskelschwäche, Absterben der Glieder, frischen Wunden, Hautleiden infolge schlechter Durchblutung, fehlender Periode, chronischem Husten, Kehlkopfkrankheiten sowie bei Frostschäden.

Der orange Heilstrahl

Orange ist die Heilenergie für Optimismus und Lebensfreude.

Sie wirkt aufmunternd, erwärmend, stimmungsanregend und energiefördernd und hat damit auch einen entkrampfenden, entspannenden Effekt.

Orange ist also die Heilenergie gegen Depressionen, Unzufriedenheit und Pessimismus und beeinflußt außerdem wichtige Funktionen des Kreislaufs und des Lymphsystems.

Sie hilft dem Körper beim Fixieren von Kalzium, wirkt kräftigend auf das Lungengewebe und anregend auf die Drüsen und sie sollte auch bei Herzbeschwerden als zusätzliche Hilfe zur Anwendung kommen.

Der orange Heilstrahl ist eine wirkungsvolle Energie bei: Anämie, häufiger Müdigkeit, Kreislaufschwäche, Nierenschwäche, Sklerosen (z.B. Arterio-, Cerebral- und Coronarsklerose), Abmagerung, Allergien und Energiemangel, sowie bei Psychosen, Trübsinn und Angstzuständen, wobei man jedoch hier mit Blau abwechselt.

Der gelbe Heilstrahl

Er hat mit seinen positiven, magnetischen Schwingungen eine stark anregende Wirkung auf das Sonnengeflecht, gleicht Störungen des Nervensystems und des Drüsensystems harmonisch aus und macht Chronisches akut, womit der Heilungsprozeß eingeleitet werden kann. Gelb spendet Heiterkeit und Lebensfreude, vertreibt Trübsinn, Arbeitsunlust und Ermüdungserscheinungen, fördert den Intellekt und Lerneifer sowie die Merkfähigkeit, den Ehrgeiz und das Durchhaltevermögen. Bei Bestrahlung des Sonnengeflechts mit Gelb wird aufbauende Energie freigesetzt, was eine äußerst positive Wirkung auf die körperlichen Abwehrkräfte ausübt und das zentrale Nervensystem sowie die Drüsenfunktion stimuliert.

Der gelbe Heilstrahl ist eine wirkungsvolle Energie bei: Erkrankungen der Leber, Blase, der Nieren und des Magens, sowie des Verdauungstraktes, Stoffwechselstörungen der Leber, die häufig für Akne und Cellulitis verantwortlich sind*, Hautunreinheiten, Allergien, sowie bei häufigen Gemütsschwankungen, Gedächtnisschwund und Lernproblemen.

Der grüne Heilstrahl

Grün wirkt sedierend, stabilisierend und erholsam, es fördert damit die Regeneration des Nervensystems und die allgemeine Entspannung des gesamten Organismus.

Mit seinem ausgewogenen Wesen bringt der grüne Heilstrahl Erregungen körperlicher und seelischer Art schnell wieder in einen ruhigeren Rhythmus und sorgt damit für eine harmonische Ausgewogenheit im körperlichen Geschehen.

Er stärkt die Nerven, reduziert den Blutdruck und vermittelt Ruhe und Zufriedenheit.

*Anregungen für eine wirkungsvolle Hilfe bei Hautproblemen wie z.B. Akne, Allergien oder Hautunreinheiten sowie bei Cellulitis und Übergewicht finden Sie in meinem »Handbuch der heilenden Energien«.

Der grüne Heilstrahl ist eine wirkungsvolle Energie bei: Herzinsuffizienz, Nervenüberbelastung, Erkrankung der Bronchien, Asthma, Husten, hohem Blutdruck, Diabetes, Stoffwechselerkrankungen, Gelenkentzündungen, Schwellungen, Geschwülsten, chronischen Entzündungen, Rheuma, Gicht, Arthrosen, Stauungen im Gewebe, Krämpfen, Muskelspannung, Vergiftungserscheinungen, Erkrankung des Verdauungstraktes (in Verbindung mit Gelb) sowie bei Störungen der Augen und Sehfehlern.

Blaugrün wirkt muskel- und gewebebildend, hautkräftigend, regenerierend und entspannend, womit es einen starken Verjüngungseffekt auf die Haut hat.

Der blaue Heilstrahl

Blaulicht führt zu einer Verengung der Gefäße, verursacht damit eine Blutleere, wodurch die Haut schmerzunempfindlicher wird, und hat eine beruhigende, kühlende, blutdrucksenkende und entlastende Wirkung. Alle »hitzigen« Krankheiten verlangen Blau.

Diese Farbe hat einen blutgefäßnormalisierenden, antiinfektiösen, nervenentspannenden Effekt und wirkt besänftigend bei Unruhe und Angstzuständen, Schilddrüsenüberfunktion, Blutfülle und Schlaflosigkeit. Blau ist die harmonisierende Farbe des Klimakteriums, stärkt die Lebenskraft und entlastet das Herz.

Der blaue Heilstrahl ist eine wirkungsvolle Energie bei: Entzündungen mit Eiterbildung, inneren Blutungen (z.B. Nasenbluten), Halsschmerzen, Nacken- und Schulterschmerzen,

Nebenhöhlenentzündung, Blutandrang, Schnupfen, Kopfschmerzen, Kiefernentzündung, Zahnschmerzen infolge entzündlicher Prozesse, Ohrenschmerzen, Sehstörungen, Fieber, nässenden Hauterkrankungen, Abszessen, Geschwüren, Ekzemen, Warzen und Verbrennungen, sowie bei Koliken, Durchfall und Überaktivität. Blau vermittelt Schmerzlinderung und Entspannung.

Der indigoblaue Heilstrahl

Im indigoblauen Heilstrahl vereinigen sich die Energien aller sechs übrigen Spektralfarben zu einer gewaltigen Kraft mit einer verstärkt heilungsfördernden, schmerzstillenden und beruhigenden Wirkung, die besonders bei Erkrankungen im Kopfbereich (Augen, Ohren, Nase), bei Wachstumsstörungen und geistig-seelischen Erschöpfungszuständen ihre Anwendung findet.

Der violette Heilstrahl

Violett gibt geistige Kraft, verstärkt die Meditationswirkung und führt zu höheren Bewußtseinszuständen.

Der violette Heilstrahl wirkt günstig auf die Milz, energiespendend und anregend auf die Lymphe und hilft bei Migräne, Nervenleiden und Erregungszuständen. Auch bei Haarausfall und Schuppenbildung ist Violett angezeigt.

Indikationsliste

Abwehrkraftstärkend	Gelb
Allergien	Gelb + Orange
Alterungsprozeßverzögernd	Rot + Grün
Akne	Gelb + Grün
Angstzustände	Orange + Blau
Asthma	Grün
Augenstärkend	Grün
Blutarmut	Rot
Blutdruck-hoher	Grün
Blutdruck-niedriger	Rot + Orange
Brandwunden	Blau
Bronchitis	Grün
Darmträgheit	Rot
Depressionen	Orange
Diabetes	Grün
Durchfall	Blau
Ekzeme	Blau
Eiterungen	Blau
Energiemangel	Rot + Orange
Erschöpfungszustände	Indigo
Fieber	Blau
Frigidität	Orange + Blau
Gedächtnisstärkend	Gelb
Gelenkentzündung	Grün
Gemütsschwankungen	Gelb
Haarausfall	Violett

Halsentzündung	Blau
Hautprobleme	Rot + Gelb
Hautregenerierend	Blaugrün
Herzstärkend	Orange + Grün
Husten	Grün
Impotenz	Orange + Blau
Kopfschmerzen	Blau + Indigo
Kreislaufschwäche	Orange
Lebenskraftsteigernd	Rot
Leberunterstützend	Gelb
Lungenkräftigend	Orange
Lymphsystemanregend	Orange
Magenbeschwerden	Gelb
Magersucht	Rot
Migräne	Violett
Muskelbildend	Grün
Muskelkrämpfe	Grün
Muskelschwäche	Rot
Nasenbluten	Blau
Nervenaufbauend	Grün
Nervenleiden	Violett
Nierenschwäche	Orange
Regenerationfördernd	Grün
Schilddrüsenüberfunktion	Blau
Schlaflosigkeit	Grün + Blau
Schmerzen	Blau + Indigo
Schnupfen	Blau
Schwellungen	Grün

Sehvermögenstärkend	Blau + Indigo
Stoffwechselstörungen	Grün
Vergiftung	Grün
Wechseljahrbeschwerden	Blau
Wunden-frische	Rot
Zahnfleischkräftigend	Rot
Zahnschmerzen	Blau

Diese Liste sollte einen grundsätzlichen Überblick über die vielseitigen Einsatzmöglichkeiten der Farben und eine Vorstellung von ihrer Wirkungsweise vermitteln.

Ich bin mir bewußt, daß es noch weitaus mehr Indikationen gibt, die mit der Farbenergie positiv beeinflußt und harmonisch ausgeglichen werden können und möchte in diesem Zusammenhang den engagierten Forscher Dr. Ghadiali erwähnen, der in seiner Tätigkeit als Arzt alle Arten von Krankheiten mit Farblichtbestrahlungen behandelte und der damit selbst bei hoffnungslosen Fällen verblüffende Erfolge erzielen konnte.

Hier in Deutschland ist der Heilpraktiker Peter Mandel* aus Bruchsal der führende Farbtherapeut, der in langjähriger Forschungsarbeit großartige Erkenntnisse und vielseitige Erfahrungen auf diesem Gebiet gewonnen hat.

Große Erfolge, die mit Hilfe der Farbtherapie zu erzielen sind, sprechen deutlich für die kosmische Heilkraft, die in den einzelnen Farben eindrucksvoll vorhanden und wirksam ist.

*Literaturhinweis: »Praktisches Handbuch der Farbpunktur« und »Lichtblicke in der ganzheitlichen Medizin« v. Peter Mandel, beide erschienen im Energetik-Verlag, Bruchsal

Farben in der Ernährung

Farben spielen auch in unserer Ernährung eine ganz bedeutende Rolle, wie ein wissenschaftlicher Versuch beweisen konnte, der darauf hinzielte, festzustellen was passiert, wenn dem menschlichen Körper farbige Nahrung vorenthalten wird.

Die Versuchsperson ernährte sich eine Zeit hindurch nur von weißer Kost, die nur weiße Lebensmittel und Wasser enthielt.

Sie bestand u.a. aus Weißbrot, Eiweiß von hartgekochten Eiern, Zucker, Quark, Reis, entrahmter Milch, Gries, Salz und ähnlichem. Obwohl alle lebenswichtigen Nährstoffe in dieser Ernährung enthalten waren, erkrankte die Versuchsperson nach einiger Zeit an Magen-Darm-Katarrh.

Die weiße Kost wurde daraufhin abgesetzt, die Versuchsperson nahm wieder farbige Kost zu sich und die Beschwerden waren innerhalb von 3 Tagen überwunden, ohne daß irgendwelche Medikamente notwendig gewesen wären.

Dieser Versuch erbrachte den Beweis, daß ein völliger Entzug farbiger Nahrungsmittel gesundheitsschädlich ist.

Das ist auch die Erklärung für die Frühjahrsmüdigkeit, von der viele von uns nach der licht- und vitaminarmen Jahreszeit befallen sind.

Bisher ging man davon aus, daß diese Symptome durch Vitaminmangel entstehen. Heute weiß man immer mehr, daß sie auch auf Farbmangel zurückzuführen sind, da die Vitaminträger gleichzeitig Farbträger sind.

Es ist deshalb wichtig, für ein stabiles Farbgleichgewicht zu sorgen, indem man darauf achtet, welche Farben man mit seiner Ernährung zu sich nimmt, denn damit entscheidet man sich bewußt für Energien, die mit der jeweiligen Farbe verbunden sind und kann so gezielt die Steuerung seines Energiehaushalts beeinflussen.

Durch das Essen einer vernünftigen, ausgewogenen Mischkost nimmt man auch gleichzeitig die Farbenergie der einzelnen Lebensmittel auf, z.B. Rot von der Tomate, Orange von der Möhre, Gelb von der Grapefruit, Grün vom Salat, Blau von Beeren, Violett vom Rotkohl.

Die Farben der Haut, Schalen und des Fruchtfleisches der jeweiligen Obst- und Gemüsesorten entsprechen den darin enthaltenen Farbenergien, die wir auf diese Weise zu uns nehmen.

Alle Farbstoffe von Früchten, Gemüsen und Kräutern binden im menschlichen Organismus Sauerstoff und vermitteln ihm damit die Transportfähigkeit, die er für die Aufnahme und Verteilung lebenswichtiger Nährstoffe benötigt.

Das bedeutet also, je mehr pflanzliche Farbstoffe wir mit unserer Nahrung zu uns nehmen, desto besser versorgen wir damit unseren Körper und zwar sowohl mit Sauerstoff als auch mit Vitaminen, Spurenelementen und mit Enzymen, die in den Naturfarben reichlich vorhanden sind und die als Katalysatoren den Stoffwechsel überhaupt erst reibungslos ermöglichen.

Ohne Enzyme wäre ein geordnetes Stoffwechselgeschehen gar nicht möglich, denn diese sind dafür verantwortlich, daß Schadstoffe und Gifte unschädlich gemacht werden, bevor sie eine Zerstörung im Organismus anrichten konnten.

Die meisten Enzyme werden aber bereits bei einer Temperatur um 50 Grad zerstört und das bedeutet, daß nur ungekochte Nahrungsmittel enzymhaltig sind, wogegen gekochte, pasteurisierte und konservierte Kost ohne Enzyme ist.

In jungen Jahren ist der Körper noch in der Lage, das Defizit an Enzymen immer wieder auszugleichen, doch um die Lebensmitte sinkt der Enzymspiegel eines Menschen deutlich, was zu Alterserscheinungen und Anfälligkeiten für Krankheiten führt.

Die beste und wirkungsvollste Vorbeugungsmaßnahme dagegen ist eine enzymreiche, lebendige, natürliche Ernährung. Rohes Gemüse, Salate oder Obst, die man schön bunt zusammenstellen kann, sind nicht nur wertvolle Enzymlieferanten, sondern helfen auch dabei, die körpereigenen Enzyme zu erhalten.

Für ein perfekt funktionierendes Immunsystem ist eine ausreichende Versorgung mit Enzymen eine ganz wesentliche Grundvoraussetzung. Dafür ist es aber notwendig, regelmäßig naturbelassene Nahrung zu sich zu nehmen.

Frische Gemüsesäfte, Salate oder Obst ißt man am besten vor der Hauptmahlzeit, denn damit rüstet man seinen Körper mit Enzymen aus, entlastet die körpereigenen Enzymquellen und verdaut so die nachfolgende Mahlzeit wesentlich besser.

Rezepte und Ratschläge für eine gesunde, natürliche Ernährung finden Sie in meinem »Handbuch der heilenden Energien«

Chemischer Einfluß der Farbenergie

Farbenergien üben auf unseren Organismus auch einen chemischen Einfluß aus, wobei es zu einer erhöhten Stickstoffausscheidung und zu einer Steigerung der Verbrennungsvorgänge und des Stoffwechsels im Körper kommt.

Dr. Ghadiali, der nicht nur Arzt, sondern auch Doktor der Chemie und Physik war, hatte sich in vieljähriger Forschungsarbeit sehr eingehend mit der Farbtherapie beschäftigt und dabei festgestellt, daß die Farben nicht nur die Elemente in der Spektralanalyse anzeigen, sondern daß sie diese selbst enthalten und so auf Mensch, Tier und Pflanze übertragen können.

Unter anderem hatte er folgende Elemente in den einzelnen Farbstrahlen feststellen können:

Rot	Argon, Mangan
Orange	Aluminium, Kalzium, Kupfer
Gelb	Kohlenstoff, Magnesium, Carbon
Grün	Barium, Chlor, Stickstoff, Radium
Blau	Sauerstoff, Cäsium
Indigo	Bismut, Kobalt
Violett	Aktinium, Strontium

Dr. Ghadiali fand bei seinen wissenschaftlichen Forschungen außerdem heraus, daß dem Körper durch Farblichtbestrahlungen folgende Elemente zugeführt werden:

Sauerstoff durch die blaue Farbenergie,
Stickstoff durch die grüne Farbenergie,
Kohlenstoff durch die gelbe Farbenergie,
Wasserstoff durch die rote Farbenergie.

Weiter führte er aus, daß die Farben das Blut und die Zellen zu reger Tätigkeit anspornen, und daß dabei in den Geweben auch winzige Spuren anderer Elemente gebildet werden, die einen günstigen Einfluß auf den Organismus ausüben.

Die Pflanzenfarbstoffe

Die Farbkräfte der Natur sind Nährstoffe, die vom menschlichen Organismus zur Erhaltung seiner normalen Lebensfunktionen genauso benötigt werden, wie Eiweiß, Kohlehydrate, Fett, Vitamine und Spurenelemente.

Karotine nehmen wir beispielsweise mit den ***roten*** und ***orangen Pflanzenfarben*** zu uns, wie sie unter anderem in Tomaten, roten und gelben Paprika, Karotten, Aprikosen und Orangen enthalten sind.

Es handelt sich um chemisch ungesättigte Kohlenwasserstoffe, die in Vitamin- und Provitamin-A enthalten sind. (Ein Vitamin A-Mangel führt zu Hautschäden und Nachtblindheit.)

Die ***gelben Farbstoffe*** der Pflanzen sind die Flavone, die als Atmungsferment fungieren. Außerdem haben sie eine bluthemmende Wirkung, vermindern die Kapillardurchlässigkeit, verstärken die Harnausscheidung und regen den Kreislauf an.

Grüner Farbstoff, das Pigment der Pflanze, ist das Chlorophyll. Es verwandelt Lichtenergie in chemische Energie und bildet sich im Licht.

Chlorophyll entsteht nämlich dadurch, daß die Pflanze Lichtenergie absorbiert. Es ist seiner Konsistenz nach dem Blutfarbstoff Hämoglobin ähnlich, doch es enthält Magnesium anstatt Eisen.

Mit Hilfe der grünen Nahrung kann man einer Übersäuerung, die eine Selbstvergiftung des Körpers darstellt, entgegenwirken, weil dadurch dem Körper mehr basen- als säurebildende Mineralstoffe zugeführt werden.

Die ***roten***, ***blauen*** und ***violetten Farbstoffe*** weisen eine glykosische Bindung auf, das heißt, daß ihr Pigment an Zucker (Glukose) gebunden ist. Sie verbessern damit besonders die

Sauerstoffzufuhr in den Zellen und haben eine aufbauende und regenerierende Wirkung auf den Körper.

Die feinen Energieströme der Farben regen den Stoffwechsel an und vermitteln dem Organismus damit Vitalität und Abwehrkraft.

Eine Saftkur macht fit!

Obst und Gemüse in allen Farben kann man auch sehr wirkungsvoll als Saft zu sich nehmen, um so eine hervorragende Entgiftungskur zu machen und um damit Stoffwechselschlacken abzubauen.

Naturfrische Obst- und Gemüsesäfte haben nicht nur Vitamine und Enzyme in ausreichender Menge, sondern sie haben zusätzlich einen sehr hohen Gehalt an Zellatmungsaktivatoren.

Funktioniert die Zellatmung einwandfrei, so bedeutet das nämlich unter anderem auch normales, gesundes Zellwachstum und stellt damit die beste Vorbeugung gegen Tumorerkrankungen (Krebs) dar.

Aber auch zur allgemeinen Regeneration des Organismus und zum Abbau von Übergewicht sind farbenfrohe Obst- und Gemüsesäfte sehr empfehlenswert. Dabei ist nur zu beachten, daß selbstgepreßte Säfte immer ganz frisch getrunken werden müssen!

Besonders empfehlenswerte Säfte gewinnt man aus: Äpfeln, Birnen, Pfirsichen, Orangen, Ananas, Weintrauben, Gurken, Karotten, Sellerie, Rettich, Tomaten, Kartoffeln, Weißkohl, Spinat, Brennesseln und Rote Bete.

Farbaktive Säfte lassen sich nach Lust und Laune zusammenstellen, man braucht dazu nur Phantasie und eine gut funktionierende Saftpresse. Ausgepreßtes Blattgrün (Chlorophyll) hält den Alterungsprozeß auf und fördert Gesundheit und Wohlbefinden. Man hat nämlich herausgefunden, daß ausgepreßtes Blattgrün Ablagerungen von Schlacken und Giftstoffen im Körper nachhaltig verhindern kann. Auch wurde festgestellt, daß ausgepreßtes Blattgrün viel besser aufgenommen und verwertet wird, als wenn es noch in den Geweben von Gemüsen und Salaten eingeschlossen ist.

Ausgepreßtes Blattgrün hilft gegen Arterienverkalkung, Gicht und Rheuma, stärkt die Abwehrkräfte und wirkt vorzeitigen Alterserscheinungen entgegen.

Vitamine sind farbenfroh

Farbenergien sind lebendige Kräfte, die für uns von großem Nutzen sein können, wenn wir sie gezielt in unsere tägliche Ernährung miteinbeziehen.

Die Natur liefert uns die Farben in einem überaus reichen Angebot in Form von Früchten, Gemüsen, Gewürzen und Kräutern.

Rot - Äpfel, Kirschen, Himbeeren, Erdbeeren, Melonen, Hagebutten, rote Johannisbeeren, Preiselbeeren, Rhabarber, Rote Bete, Tomaten, roter Paprika, Pfeffer

Orange - Orangen, Nektarinen, Mandarinen, Mangos, Aprikosen, Granatäpfel, Kaktusfeigen, Litschis, Papayas, Passionsfrüchte, Pfirsiche, Sanddorn, Kürbis, orange Paprika, Möhren

Gelb - Bananen, Zitronen, Grapefruit, Honigmelonen, Ananas, Quitten, Pampelmusen, gelbe Paprika, Chicoree, Zwiebel, Kartoffel, Endiviensalat, Maiskolben, Sojasprossen

Grün - Weintrauben, Äpfel, Stachelbeeren, Birnen, Limonen, Kiwis, Avokados, Bohnen, Erbsen, Broccoli, Kopfsalat, Paprika, Gurken, Kohl, Rosenkohl, Chinakohl, Spinat, Kohlrabi, Kresse, Kräuter, Oliven

Blau - blaue Trauben, Blaubeeren, Schlehen, Wacholderbeeren

Violett - Holunder, Pflaumen, Feigen, Brombeeren, schwarze Johannisbeeren, Rotkohl, Auberginen, Radiccio, rote Zwiebel, schwarze Oliven.

Farben als Schönheitsmittel

Farben üben einen gewaltigen Einfluß auf das Stoffwechselgeschehen des Organismus und insbesondere auf die Haut aus.

Mit Hilfe von Farblicht ist daher auch eine sehr erfolgreiche Regenerierung der Haut möglich.

Es wird berichtet, daß bereits im vorigen Jahrhundert der sizilianische Arzt Dr. Sciascia regelrechte »Wunderkuren« mit seinem Farblichtgerät durchführte und daß er damit auch Verjüngungseffekte erzielen konnte, für die er selbst das beste Beispiel lieferte. Mit 70 Jahren soll er noch ein jugendliches Gesicht ohne Falten gehabt haben und sehr vital und gesund gewesen sein. Farblichtbestrahlungen sind ein hervorragendes Verjüngungs- und Verschönerungsmittel, wenn man die Wechselwirkung der kalten und warmen Farbstrahlen benutzt, um einen Durchblutungseffekt zu erzielen, der die Stoffwechselschlacken, die zu vorzeitigen Alterungsprozessen der Haut führen, verstärkt abbaut und damit eine Verjüngung des Gewebes bewirkt.

Farbstrahlen haben als Schönheitsmittel eine eindrucksvolle Bedeutung, da sie auf sanfte, schonende und natürliche Weise den Säuremantel der Haut normalisieren und damit eine Basis herstellen, die eine verjüngende und hautstraffende Wirkung hat.

Vor allem sind die beiden Farbschwingungen Rot und Blau eine hervorragende »Wechseldusche« für Gesicht, Hals und Dekolleté, denn die roten Farbschwingungen bewirken eine Ausdehnung der Blutgefäße und fördern damit die Durchblutung, während die blauen Farbschwingungen eine Verengung der Gefäße herbeiführen, und damit eine Blutleere.

Damit wird das Stoffwechselgeschehen der Haut zu verstärkter Aktivität angeregt und kann sich so auf angenehme, natürliche Weise regenerieren und straffen.

Dafür benötigt man zwei Farblichtstrahler, die man abwechselnd je eine Minute pro Farbe einsetzt. Das geschieht folgendermaßen: Man beginnt mit Rot, bestrahlt damit eine Minute, wechselt dann mit Blau ab und bestrahlt damit wieder eine Minute. Das wiederholt man fünf Mal und beendet diese Behandlung mit Blau, das eine gefäßzusammenziehende Wirkung hat.

Diese Schönheitsbehandlung sollte man kurmäßig drei Wochen hindurch täglich durchführen. Der Erfolg ist überzeugend!

Grünblaues Farblicht hat eine hautkräftigende und hautbildende Wirkung, die Degenerationserscheinungen der Haut entgegenwirkt und damit ebenfalls einen schönheitsfördernden Effekt hat. Diese Farbenergie ist überall dort angezeigt, wo die Haut regeneriert werden soll, ebenfalls bei unreiner, zu Entzündungen neigender Haut.

Man nimmt dazu täglich etwa 10 Minuten lang ein »Gesichtsbad« mit grünblauem Farblicht und setzt das so lange fort, bis eine sichtbare Verbesserung und Erneuerung des Hautbildes eingetreten ist. Sehr belebende und anregende Effekte erzielt man mit dem orangen Farblicht, das man anwenden sollte, wenn man einmal besonders schön und strahlend aussehen möchte.

Ein »Gesichtsbad« mit Orange belebt die Sinne, macht fröhlich und zaubert ein Leuchten auf die Haut, das reizvoll und anziehend macht. Das ist ein sehr einfaches und wirkungsvolles Schönheitsmittel, das man jederzeit leicht und mühelos anwenden kann.

Man benötigt dafür einen Strahler, der einen Reflektor von etwa 20 cm Durchmesser haben sollte, und versieht ihn mit einer Glühbirne in der jeweils benötigten Farbe. Der Abstand zur Haut muß so gewählt werden, daß die Wärme als wohltuend und angenehm empfunden wird. Die Augen sind dabei geschlossen.

Ein sehr wirkungsvolles Schönheitsmittel ist die »Farbpunktur«. Mit dieser Methode ist es möglich, Farbschwingungen ganz gezielt in die feinstofflichen Energiebahnen des Organismus über die Akupunkturpunkte einzuleiten. Diese werden als »Schleusen des Energieflusses« bezeichnet und sind hervorragend dazu geeignet, die Vitalenergie »Chi«, die alle Lebensvorgänge steuert, zu aktivieren. Falten bedeuten nämlich immer eine Verminderung der Qualität und Quantität von »Chi«.

Faltenbildung ist nicht nur ein lokales Geschehen, sondern beruht auf tieferliegenden Störungen innerhalb des Körpers. Im Gesicht liegen viele Energiebahnen, daher hinterlassen Störungen des Energieflusses hier deutlich ihre Spuren, die eine direkte Beziehung zu den inneren Organen haben, wie z.B. die Nasolabial- und die Stirnfalten, sowie die empfindlichen Partien um die Augen herum, oder am Hals.

Diese Problemzonen lassen sich sanft und sehr wirkungsvoll stimulieren, indem man sie mit dem Farbpunktstrahler (Bezugsquellennachweis siehe Seite 189) abwechselnd je eine Minute mit Rot und Blau ausstreicht. Das wiederholt man drei Mal pro Farbe, am besten morgens und abends regelmäßig.

Einige wichtige Akupunkturpunkte auf Gesicht und Hals habe ich in meinem »Handbuch der heilenden Energien« beschrieben. Grün mit seiner hautstraffenden, verjüngenden Wirkung ist dafür die passende Farbenergie.

Die »Farbpunktur« ist in der Schönheitspflege ein sehr hilfreiches und wirkungsvolles Mittel. Bei gezielter, regelmäßiger Anwendung lassen sich damit große Erfolge erzielen.

Die praktische Anwendung des Farblichts

Es gibt einige Möglichkeiten, Farblicht zu tanken, um daraus eine Energie zu gewinnen, die mit ihren Schwingungen in das organische Geschehen eingreift und damit den harmonischen Ausgleich fördert, was Gesundheit und Wohlbefinden zur Folge hat.

Akupunktur mit Farben

Diese Therapieform hat Peter Mandel entwickelt, der auf dem Gebiet der Heilbehandlung mit Farben sehr große Erfolge aufweisen kann.

Er ging dabei von der Überlegung aus, daß die Akupunkturpunkte eine Affinität zu elektromagnetischen Wellen und besonders zu den Farben haben.

Durch den direkten Lichtkontakt mit den in der Haut liegenden Akupunkturpunkten werden die Farbschwingungen gezielter, schneller und effektvoller in den Organismus weitergeleitet.

Farblicht wird beim Auftreffen auf die Akupunkturpunkte absorbiert und gibt seine Schwingungen an die entsprechenden Zonen ab. Die gebündelten, farbigen Lichtstrahlen durchdringen die Haut völlig schmerzfrei.

Die Farbpunktur ist für den energetischen Ausgleich der Zellen ganz besonders gut geeignet, denn damit kann man ihnen gezielt harmonisierende Impulse vermitteln und Disharmonien auf diese Weise sehr gut ausgleichen.

Das Farbpunkturgerät* ersetzt die Akupunkturnadeln.

Edelsteinstrahler

Eine sehr wirkungsvolle Möglichkeit der Farbbestrahlung bietet der Edelsteinstrahler.* Das ist ein Gerät, welches mit sieben kleinen, speziell entwickelten Punktstrahlern ausgestattet ist, die mit farblich abgestimmten Edelsteinen bestückt sind, durch welche der Lichtstrahl auf die einzelnen Energiezentren gerichtet wird.

Zur Förderung der körperlichen und geistigen Entwicklung ist der Edelsteinstrahler ein natürliches und wirkungsvolles Mittel, um den Selbstheilungsmechanismus zu unterstützen und höhere Bewußtseinszustände zu erfahren.

Die Farbklangtherapie

Die »Musik der Farben« ist eine Therapieform, die hervorragende Möglichkeiten bietet, Körper, Geist und Seele mit den Heilschwingungen der Farben und Töne harmonisch auszugleichen und zu stärken. Sowohl Farben als auch Töne sind Schwingungsphänomene. Jeder Ton strahlt eine bestimmte Farbe aus, weshalb man auch von »Klangfarben« und »Farbtönen« spricht.

Die mit den einzelnen Farben korrespondierenden Töne sind folgende:

*Bezugsquellennachweis: siehe Seite 189

Rot	c
Orange	d
Gelb	e
Grün	f
Blau	g
Indigo	a
Violett	h

Musik ist in der Lage in uns Gefühle hervorzurufen, die uns heiter, beschwingt, ruhig, ausgeglichen, aber auch aggressiv stimmen, je nach Art und Rhythmus der Melodien. Damit löst sie geistig-seelische Reaktionen aus, die sich auf das Allgemeinbefinden sehr stark auswirken.

Die Farbklangtherapie basiert auf der Erkenntnis, daß unserem organischen Körper ein »Energiekörper« übergeordnet ist, der alle unsere Lebensfunktionen maßgeblich beeinflußt und steuert. Seine fundamentale Vitalkraft, die auch »Chi«, »Prana« oder »Bioplasma« bezeichnet wird, teilt sich in die beiden bipolaren Größen Yin und Yang auf.

Das vollkommene Gleichgewicht und die harmonische Ausgewogenheit dieser zwei Energiepole bedeutet Gesundheit und Lebensfreude und gewährleistet den reibungslosen Ablauf aller Lebensfunktionen. Farbklänge sind reine Schwingungsenergien und damit ein sehr wirkungsvolles und sanftes Heilmittel für unseren gesamten Organismus. Sie wirken mit ihren speziell abgestimmten Klangstrukturen über das Ohr auf den »Energiekörper« ein und beeinflussen damit das körperlich-geistige Geschehen, womit vor allem psychosomatische Beschwerden Spannungen und Gemütsbelastungen positiv verändert, harmonisiert und überwunden werden können.

Die Farbklangtherapie stellt eine Umsetzung der Farbpunktur nach Peter Mandel dar, wobei hier eine komplementäre Umrechnung von Farb- in Tonfrequenzen erfolgt, die das Polaritätsprinzip in der Musik fundiert zur Anwendung bringen.

Die methodische Transformation von Farben in Klänge wird hierbei noch durch spezifische Modulationen ergänzt, was eine positive Veränderung des Gehirnwellen-Musters und dadurch auch der allgemeinen Gemütsverfassung hervorruft.

Die energetische »Musik der Farben« bewirkt durch ihre gehirnstimulierenden Klangstrukturen also eine Veränderung des Bewußtseinszustandes. Sie überträgt ihre elektromagnetischen Schwingungsinformationen über den »Energiekörper« auf unseren Organismus und stellt damit das innere Gleichgewicht wieder her, das die Grundlage für Gesundheit und Wohlbefinden darstellt. Dadurch kommt es zu einem Ausgleich in den Gehirnfunktionen und zu innerer Ruhe und Entspannung, die man als äußerst wohltuend und angenehm empfindet.

Farbklänge ermöglichen eine energetische Therapie, bei welcher das Gehirn keine »gedanklichen Eigenleistungen« erbringen muß, sondern in seinem Schwingungsverhalten ganz behutsam gelenkt und harmonisiert wird, um damit bestehende, falsche Schwingungsmuster überwinden und bereinigen zu können.

Auf diese Weise lassen sich psychische Belastungen, wie zum Beispiel Angst oder Streß besser überwinden und abbauen und eine Verbesserung oder Beseitigung psychosomatischer Symptome erzielen.

Die Farbklangtherapie stellt eine Vereinigung von Farb- und Tonschwingungen dar, wobei die Tonfolgen genau in den Frequenzbereichen liegen, die dem jeweiligen Farbspektrum und den damit verbundenen Heilschwingungen entsprechen.

Die »Musik der Farben« ist eine sehr wirkungsvolle Hilfe bei vielerlei Beschwerden, wie zum Beispiel bei Schlafstörungen, Kopfschmerzen, Migräne oder bei Konzentrationsschwäche und Lernproblemen.

Sie läßt sich zur Unterstützung der Gehirn- und Körperfunktionen ebenso anwenden, wie zur Stärkung der Abwehrkräfte, zur Steuerung aller hormonellen und vegetativen Prozesse oder zum Abbau von Energieblockaden, was innere Stabilität, verstärkte Leistungsfähigkeit und mehr Lebensfreude zur Folge hat.

Farbbrillen

Das »Farbsehen« unterstützt die Farbtherapie sehr wirkungsvoll, weil es eine direkte Verbindung zwischen dem vegetativen Nervensystem und den Augen gibt, wodurch die Farbschwingungen auf diese Weise dem gesamten Organismus zugeführt werden und so einen wichtigen Einfluß auf den Lebensimpuls der Zellen nehmen.

Farbstrahlen werden durch das Auge aufgenommen und erfahren im Körperinneren eine energetische Umwandlung.

Sie wirken als elektromagnetische Wellen bestimmter Frequenzen über das Auge direkt auf das Gehirn ein und lösen dort bestimmte Reaktionen aus, wodurch ein Ausgleich der Disharmonien ermöglicht wird, was eine körperliche Selbstregulation und Regeneration bewirkt.

»Krankheit ist Unordnung in der Maschinerie des menschlichen Organismus. Heilung ist die Rückkehr zur Ordnung, bei der den Farblichtenergien eine entscheidende Ordner-Rolle zukommt«, erklärte Dr. Ghadiali.

Die einzelnen Farbschwingungen bewirken im menschlichen Körper verschiedene, chemische Prozesse und erzeugen damit unterschiedliche Gemütsstimmungen und Reaktionen, die den Heilungsvorgang günstig beeinflussen und unterstützen.

»Um die einzelne Wirkung einer Farbe vollkommen zu empfinden, muß man das Auge ganz mit Farbe umgeben, sich in einem farbigen Zimmer aufhalten, oder durch ein farbiges Glas sehen.

»Man identifiziert sich alsdann mit der Farbe; sie stimmt Auge, Geist und auch Körper mit sich unisono«, sagte Goethe, der damit als erster in seiner Farbenlehre auf die Heilkraft der Farben hingewiesen hat.

Eine einfache und wirkungsvolle Möglichkeit des »Farbsehens« bietet die Farbbrille*, die man sehr gut in seinen Alltag mit einbeziehen kann, wenn plötzliche Beschwerden oder Ermüdungserscheinungen es notwendig erscheinen lassen.

Es genügt meistens bereits 1/4 Stunde Schauen durch die benötigte Farbe, um eine heilsame Wirkung zu erfahren.

Ohne Nebenwirkungen vermag die Farbbrille einen Ausgleich im Tiefenbereich zu schaffen und ist damit eine zuverlässige Hilfe bei vielen Gelegenheiten.

Die ***rote Brille*** wirkt aktivierend und aufputschend, denn Rot bringt das Blut in Wallung und erhöht den Puls, den Blutdruck und die Atmungsfrequenz. Es verleiht ein Gefühl von Lebenskraft, Mut und Kampfbereitschaft, stimuliert die Leistungsfähigkeit und steigert die Willenskraft und das Durchsetzungsvermögen.

*Bezugsquellennachweis: Seite 189

Die ***orange Brille*** ist eine sehr wirkungsvolle Hilfe bei ständiger Müdigkeit, Lustlosigkeit, Unzufriedenheit, Trübsinn, Pessimismus und Depressionen, denn Orange ist die Farbe der Heiterkeit und Lebensfreude, aber auch der Herzensgüte und der Mitmenschlichkeit. Diese Farbe steigert den Ehrgeiz und macht wach und aufgeschlossen.

Die ***gelbe Brille*** hat einen aufheiternden Effekt und stimmt fröhlich, leicht und beschwingt. Sie ist sehr wirkungsvoll bei plötzlich auftretender Müdigkeit, mangelnder Konzentrationsfähigkeit und Lernschwäche. Durch die gelbe Brille wirkt auch ein Regentag sonnig, was eine positive Wirkung auf die Gemütsverfassung ausübt.

Die ***grüne Brille*** erzeugt eine gewisse innere Ruhe und Ausgeglichenheit und führt zu schneller Entspannung und Erholung. Grün wirkt günstig bei akuten, nervösen Störungen, Nervenüberreizungen, seelischen Erschütterungen und Streß. Grün wird, wie Goethe sagte, »als reale Befriedigung empfunden« und gilt auch als Farbe der Selbstsicherheit, des Erinnerungsvermögens und des logischen Denkens.

Die ***blaue Brille*** vermittelt Ruhe und Entkrampfung, sie senkt den Blutdruck und beruhigt den Atem. Schmerzen und Verspannungen lösen sich, was sich besonders bei Kopfschmerzen und Migräne wohltuend auswirkt. Auch für die Augen ist Blau eine hilfreiche Farbe, die abschwellend, schmerzlindernd und kühlend wirkt.

Die ***violette Brille*** ist besonders zur Meditation gut geeignet, da durch diese Farbe die Intuition und Spiritualität verstärkt und gesteigert werden kann. Violett kann zu tiefen, seelischen Erlebnissen anregen, denn es gilt als Regulator der Schnittstelle von Psyche und Körper. Es ist auch die Farbe der Buße, der Demut und der Opferbereitschaft.

Die Farbbrille läßt sich nach Bedarf leicht verändern. Die drei »reinen Farben« Rot, Gelb und Blau und die drei Mischfarben 1. Ordnung, Orange, Grün, Violett, können beliebig ausgetauscht werden. Es gibt im Handel aber auch farbige Zellglastafeln (Farbfolien) in Rot, Orange, Gelb, Grün und Blau. Violett kann man mit einer blauen und einer roten Farbfolie selbst herstellen. Damit lassen sich »Farb-Sehkuren« ebenfalls gut durchführen.

Die farbige Strahlung der Edelsteine

Edelsteine haben nicht nur einen strahlenden Glanz und eine farbige Leuchtkraft, sondern auch eine feinstoffliche Ausstrahlung, die ihrem jeweiligen Charakter entspricht und auf das menschliche Energiefeld in positiver Weise einwirken kann.

In diesem Zusammenhang hat der Schweizer Biophysiker Walter Stark nachgewiesen, daß die elektromagnetischen Strahlungen der Edelsteine in einem Frequenzbereich liegen, der den Schwingungen der Zellen im menschlichen Organismus entspricht. Deshalb ist es auch möglich, daß die Edelsteine über diese Biofrequenzen harmonisierend und stärkend unseren Körper beeinflussen können.

Wie wir bereits wissen, unterliegt jede gesunde Zelle einem ganz bestimmten Schwingungspotential, um ihre Funktionen optimal erfüllen zu können. Aus der Schwingung geratene Zellen sind die Ursache für Krankheiten und körperliches Unbehagen.

Die Schwingungskapazität einer Zelle kann einerseits blokkiert und damit reduziert sein, oder andererseits durch zu starke Schwingungseinflüsse von außen (z.B. Erdstrahlen), aus ihrem natürlichen Gleichgewicht gebracht worden sein.

Edelsteine sind eine wertvolle Hilfe, um das harmonische Gleichgewicht wieder herzustellen, denn sie tragen Energien in sich, die das sehr wirkungsvoll bewerkstelligen können.

Die Therapie mit Edelsteinen hat also den Sinn, dem menschlichen Körper Energien zuzuführen, die von dem Strahlungskörper Edelstein ausgehen und die in ihrem Schwingungspotential den menschlichen Energieschwingungen adäquat sind. Dabei kommt es besonders darauf an, die Edelsteine zu kennen, deren Schwingungsfrequenzen den Heilschwingungen für den menschlichen Körper entsprechen.

Das hängt damit zusammen, daß einige Edelsteinenarten mit besonders intensiven Schwingungen ausgerüstet sind, die man sehr erfolgreich zur Stärkung des Energiekörpers einsetzen kann, wenn man sie gezielt anwendet.

Auch die Edelsteine beziehen ihre Schwingungsqualität aus der Farbe, die ihnen zu eigen ist und verbinden ihre eigene Energieschwingung mit der dieser Farbe. Dadurch kann man sie als hilfreiche Heilspender einsetzen. Sie gewinnen durch ihre Leistungskapazität einen Stellenwert, der sich mit dem von Heilsalben und Tinkturen ohne weiteres vergleichen läßt, denn jegliche Art von Heilung beruht immer darauf, die Schwingungskapazität der Zellen anzuregen oder herabzusetzen, um damit eine Harmonisierung des innerlichen Körpergeschehens zu bewirken.

Die Edelsteine sind mit ihren Energien dazu in der Lage, ausgleichende oder vitalisierende Effekte auf den menschlichen Organismus auszuüben, die den Heilerfolg einleiten können. Allerdings können Edelsteine nur dann wirkungsvoll sein, wenn man man ihre heilbringende Kraft anerkennt.

Hier spielt nämlich das Bewußtsein eine wichtige Rolle, das man diesen hilfreichen Freunden entgegenbringen muß, um von ihnen ein Echo zu erfahren.

In diesem Fall geht es darum, daß man sich auf die Reizerscheinungen der Edelsteine besinnen muß, bevor man im Gegenzug dazu von ihren hilfreichen Schwingungen Gesundheit und Wohlbefinden übertragen bekommen kann.

Edelsteine haben sehr feinstoffliche, sensitive Schwingungen, die über den Ätherkörper des Menschen ihre Wirkung ausbreiten, um dann über das Bewußtsein in den Organismus einzufließen.

Sie drängen sich nicht auf, sondern entfalten erst dann ihre Heilkraft, wenn sie bewußt und gezielt in Gebrauch genommen und eingesetzt werden.

Die Farbskala der Edelsteine ist bunt gefächert, doch sie beruht überwiegend auf den Farben des Regenbogenspektrums. Damit fallen den Edelsteinen der einzelnen Spektralfarben auch die Heileigenschaften zu, die in den jeweiligen Farbschwingungen zum Ausdruck kommen.

Auch die Edelsteine sind ihren Farben entsprechend den einzelnen Chakras zugeordnet und haben hier ihre ursprünglichste Wirkung, denn sie verbinden ihre Schwingungen mit denen der feinstofflichen Energiezentren und wirken so ganz unmittelbar im Ätherkörper, der diese Kräfte dem Organismus zur Verfügung stellt, um so sein Energiepotential harmonisch auszugleichen.

Die wirkungsvollsten Heil-Edelsteine sind folgende:

Rot	Rubin, Granat, Hämatit, Achat, Blutjaspis, Rote Koralle, Rhodonit, Sarder
Orange	Karneol, Feueropal, Oranger Jaspis, Hyazinth, Heliodor, Koralle
Gelb	Zitrin, Topas, Bernstein, Tigerauge, gelber Jaspis, Rutilquarz
Grün	Jade, Smaragd, Malachit, Chrysopras, Amazonit, Aventurin, Turmalin
Blau	Lapislazuli, Saphir, Sodalith, Türkis, Aquamarin, Chrysokoll, Topas
Indigo	Indigofarbener Saphir, Azurit, Sodalith,
Violett	Amethyst, Fluorit, Tansanit, Chalcedon, Violetter Quarz,
Rosa	Rhodochrosit, Rosenquarz, Thulit, Turmalin (rosa/grün) Rubellit

Edelsteine, die ***das gesamte Farbspektrum*** in sich enthalten, sind: Diamant, Bergkristall, Zirkon, Opal, Mondstein, weißer Saphir, Perle.

Diese Edelsteine mit hohen Schwingungsreizen haben sehr gute Heilkapazitäten und sind deshalb für die Heilarbeit besonders gut geeignet.

Die Steine müssen dazu aber immer an der Luft und am Licht sein. Wenn Edelsteine längere Zeit am Körper getragen werden, brauchen sie eine Reinigung unter fließendem, kaltem Wasser.

Nachher legt man sie ans Sonnenlicht, damit sie ihre Energien wieder aufladen können.

Edelsteine sind eine eindrucksvolle Verkörperung von Licht- und Farbenergien und damit eine wertvolle Hilfe, die uns die Natur zur Verfügung stellt.

Die esoterische Bedeutung der Farben

Die Funktion der Chakras

Die Chakras sind die energetischen Regulationszentren unseres Körpers.

Sie befinden sich in einer Reihe radförmiger Wirbel an der Oberfläche des Ätherkörpers und sind von der Vitalenergie durchflossen, die uns am Leben erhält.

Der menschliche Organismus muß aus drei unterschiedlichen Quellen versorgt werden. Er benötigt Nahrung, Luft (Prana) und Vitalität, die ihrem Wesen nach eine Energie darstellt, die siebenfältiger Natur ist und die in allen ihren sieben Formen in jedem einzelnen Chakra ihre Tätigkeit entfaltet.

Ohne diesen Kraftstrom könnte der physische Körper nicht bestehen. Die Chakras sind Zentren energetischer Potenz und damit sind sie die Quellen der gesamten Energie, die im Gitternetz der Meridiane durch unseren Körper zirkuliert.

Diese Vitalenergie durchfließt alle Energiezentren und streicht dabei von unten, entlang der Wirbelsäule, nach oben. Die Energien der 6 Chakras vereinigen sich schließlich im 7. Chakra, das sich am Scheitel des Kopfes befindet. Wenn dieses 7. Energiezentrum erweckt ist, pulsiert es in einem lebendigen, strahlenden Licht und ist von einer ungeheuer großen Energiemenge durchflutet.

Vollkommene Ruhe, Frieden und spirituelle Kräfte fließen damit in das Leben ein und bereichern es auf großartige Weise.

Jede der 7 Spektralfarben hat jeweils eine spezielle Beziehung zu einem ihr adäquaten Energiezentrum und entfaltet dort ihren spezifischen Heilcharakter.

Das beginnt beim 1. Chakra mit der Farbe Rot und erstreckt sich der Farbenskala entsprechend bis hinauf zum 7. Chakra, dem die Farbe Violett zugehörig ist.

Jedes einzelne Chakra beeinflußt außerdem den Zustand der ihm zugehörigen, endokrinen Drüse:

1. Wurzel-Chakra - Nebennieren
2. Sakral-Chakra - Keimdrüsen
3. Sonnengeflecht - Bauchspeicheldrüse
4. Herz-Chakra - Thymusdrüse
5. Hals-Chakra - Schilddrüse
6. Stirn-Chakra - Hirnanhangdrüse (Hypophyse)
7. Scheitel-Chakra - Zirbeldrüse (Epiphyse)

Unser ganzer Körper ist durch das Nervensystem mit diesen «Energierädern« der sieben Chakras verbunden und erfährt daraus seine Vitalität und Lebensfreude.

Ist jedoch eines der sieben Energiezentren gestört, was sowohl in einer energetischen Unterversorgung als auch in einer Überfunktion zum Ausdruck kommen kann, dann wird die entsprechende Drüse in ihrer Leistungsfähigkeit geschwächt und die ihr zugehörigen Körperbereiche und -funktionen weisen Störungen, also Krankheitsanzeichen auf.

Unausgeglichene Energien in den Chakras haben aber auch starke Auswirkungen auf die Gefühle und Stimmungen eines Menschen. Körperliche und seelische Störungen können also unmittelbar aus der Fehlfunktion eines Chakras entstehen.

Dafür gibt es drei Möglichkeiten:

* Der Energiefluß ist blockiert. (Energetische Unterversorgung)
* Der Energiefluß ist zu stark. (Energetische Überversorgung)
* Es fließt gesundheitsschädigende Energie ein (z.B. Erdstrahlen)

Die sieben Chakras erhalten das Leben unseres Organismus, indem sie ihn mit Vitalenergie versorgen. Jedes Chakra hat seine ganz spezifische Schwingungsfrequenz und ist damit für die Funktion der ihm zugehörigen Organe verantwortlich. Die Aufgabe der Chakras besteht darin, Lebensenergie (Prana) aufzunehmen, umzuwandeln und dem Organismus zur Verfügung zu stellen.

Ideal ist ein Zustand harmonischer Ausgeglichenheit unter allen sieben Energiezentren. Energetische Fehlfunktionen können mit der Farbtherapie behandelt und harmonisiert werden.

Farben und ihre Beziehung zu den Chakras

Die weichen, harmonischen Impulse des Farblichts, mit ihren kraftvollen Schwingungen, bedeuten für uns Energie und Vitalität. Sie geben dem Organismus Regulationsanstöße und bewirken damit endokrine und neurophysiologische Reaktionen, die die Resonanzkräfte in den Zellen mobilisieren.

Die sieben Farben des Sonnenspektrums sind im menschlichen Körper von unten nach oben angeordnet, von Rot im Genitalbereich bis zu Violett am Scheitel.

Jede einzelne der sieben Farbenergien erfüllt ihre ganz spezielle Funktion in unserem Körper und ist für ein bestimmtes Chakra zuständig, um diesem die notwendige Energie zu geben, die es für seine harmonische Funktion benötigt.

In der Aura wird das weiße Licht in seine sieben Spektralfarben zerlegt und fließt dann in das jeweilige Energiezentrum ein. Wir sind ständig von der kosmischen Kraft des Lichts und damit von Farben umgeben, die durch uns und in uns ihre Wirkung entfalten.

Sie strahlen aus der Atmosphäre auf uns ein, erleuchten unsere Aura und entfalten mit ihrem Energiepotential in den Chakren ihre lebensnotwendige Wirkung.

Die Farbe ist ihrem Wesen nach etwas Geistiges. Die drei Primärfarben, aktivieren unmittelbar das physische, mentale und spirituelle Energiepotential, das zur Förderung des geistig-seelischen Wachstums benötigt wird.

Rot = Materie
Gelb = Seele
Blau = Geist

Rot steht mit dem Prinzip Selbstgefühl im Einklang, Gelb mit dem Prinzip Weisheit und Blau mit dem Prinzip Willen.

Das Rot des irdischen Feuers verwandelt sich in ein Goldgelb des Geistes der Klarheit und Weisheit und wird gekrönt von der Unendlichkeit des Blau, das mit seiner Willenskraft dem Göttlichen zustrebt.

Der warme, ***rote Strahl*** liefert Nahrung für den physischen Körper und gelangt durch das Einatmen von Prana, der kosmischen Lebensenergie, in diesen hinein.

Der ***gelbe Strahl*** regt die mentale Entwicklung über das Gehirn an.

Der beruhigende, ***blaue Strahl*** wird von dem geistigen Zentrum im Kopf empfangen und erweckt die spirituellen Energien.

Aus diesen drei »reinen Farben« oder Primärfarben leiten sich die »Mischfarben 1. Ordnung« oder Sekundärfarben Orange, Grün und Violett ab.

Rot (Materie) und ***Gelb*** (Seele) vereinigen sich zu ***Orange***. Durch eine Integration dieser beiden Farben ist es möglich, die Selbstkontrolle zu erlangen und Gefühle bewußt zu steuern.

Gelb als Symbolfarbe der Weisheit auf mentaler Ebene steht in Verbindung mit dem 3. Chakra, dem Sonnengeflecht. Dieses Kraftzentrum symbolisiert unsere »Sonne«. Dort ist auch der Sitz unseres Unterbewußtseins und die Zentralschaltstelle unseres Nervensystems. Es ist daher sehr wichtig, daß dieses Energiezentrum harmonisch ausgeglichen ist.

Grün ist die Verbindung von ***Gelb*** (Seele) und ***Blau*** (Geist). Es hat seinen Platz in der Mitte zwischen den drei unteren Strahlen, die sich mehr auf die körperlichen Funktionen beziehen und den drei oberen Strahlen, die den seelisch-geistigen Bereich umfassen. Grün breitet sich in der Mitte aus und symbolisiert somit den harmonischen Ausgleich.

Blau, die Farbe der Unendlichkeit und der Inspiration steht in Beziehung zum 5. Chakra, dem Kehl-Chakra. Es ist das Energiezentrum, in welchem das gesprochene Wort seinen Ursprung hat, um damit Empfindungen und Gefühle auszudrücken und eine Kommunikation mit der Außenwelt herzustellen. Tiefes Dunkelblau steht für intensive Energien, während Hellblau hohe, ethische Inspiration symbolisiert.

Der ***indigoblaue*** Lichtstrahl ist der Ausdruck geistiger Erhabenheit, Weisheit und Vollkommenheit. In ihm vereinigen sich alle übrigen sechs Farben zu gleichen Teilen. ***Indigo*** unterstützt die Öffnung des »Dritten Auges«, indem es das innere und äußere Sehvermögen schärft und die Pforten des Unbewußten öffnet, um damit Zugang zu Erinnerungen zu ermöglichen, die in der Seele schon lange im Verborgenen ruhen. Damit stellt dieser Farbstrahl eine Verbindung zwischen dem Endlichen und dem Unendlichen dar. Er löscht negative Strukturen aus dem Bewußtsein und fördert den Zugang zu höheren Dimensionen. Der indigoblaue Farbstrahl ist eine sehr wertvolle Hilfe auf unserem geistigen Weg zu kosmischem Wissen und ewiger Wahrheit.

Violett stellt die Krone des Farbspektrums dar. Diese höchste Schwingung setzt sich aus ***Rot*** (Materie) und ***Blau*** (Geist) zusammen und unterliegt in der Vereinigung dieser beiden Gegensätze, die sich aus unruhiger Impulsivität und sanfter Friedfertigkeit zusammensetzen, zuweilen schmerzhaften Gemütsempfindungen, was zu tiefer Läuterung führen kann. Damit erschließt Violett einen Weg zu spirituellen Erkenntnissen und seelischer Befreiung.

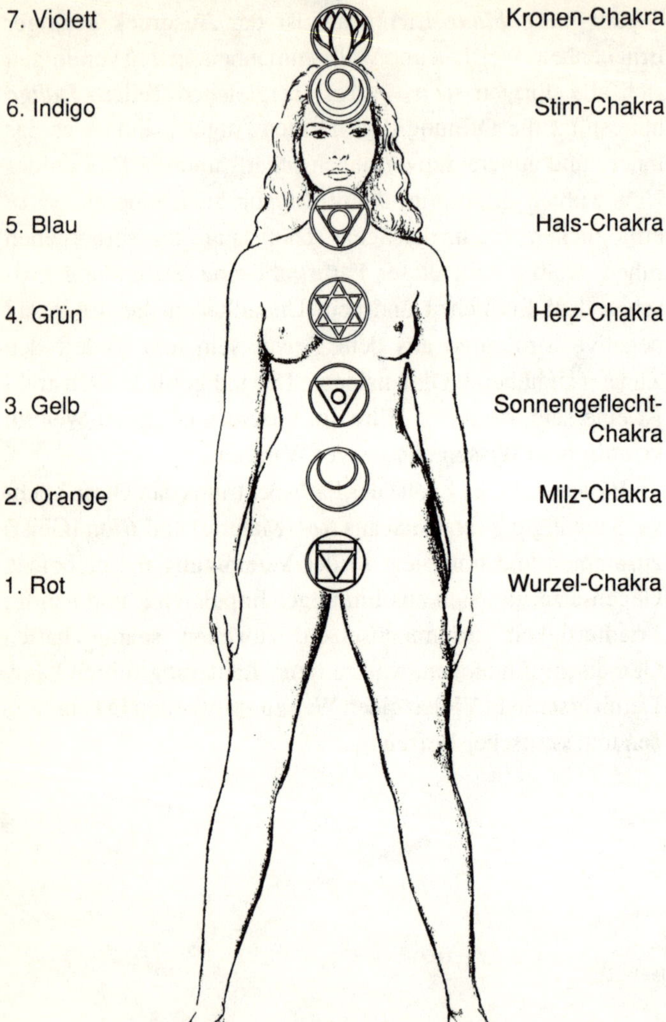
7. Violett
Kronen-Chakra
6. Indigo
Stirn-Chakra
5. Blau
Hals-Chakra
4. Grün
Herz-Chakra
3. Gelb
Sonnengeflecht-Chakra
2. Orange
Milz-Chakra
1. Rot
Wurzel-Chakra

Das 1. Energiezentrum

Wurzel-, Basis- oder Steiß-Chakra

Das Wurzel-Chakra liegt am Ende der Wirbelsäule und ist von feurig roter Farbe, wenn es aktiv ist.

Auf dieser Ebene haben die im Körper auftretenden Energien ihre langsamste Schwingungsdichte.

Es ist vierfächrig und deshalb wird auch das Kreuz zur Symbolisierung dieses Zentrums verwendet.

Das Element des 1. Chakras ist die Eigenschaft der Festigkeit, das Erdelement. Ihm ist die Farbe **Rot** und die Sinnesfunktion Riechen zugeordnet.

Auf dieser Ebene erfahren wir Sicherheit, sowie das Gefühl der Zufriedenheit und des Urvertrauens. Die Schwingungen des Erdelements geben uns das Gefühl, mit beiden Beinen fest auf dem Boden der Realität zu stehen.

Dieses 1. Chakra leitet feinstoffliche Energien aus höheren Dimensionen auf die körperliche Ebene. Wenn es reibungslos funktioniert, verspürt man eine tiefe, persönliche Verbundenheit mit der Erde.

Das Grundprinzip des Wurzel-Chakras ist die Selbstverantwortung. Sie entsteht aus dem Bewußtsein, daß man für alles selbst die Verantwortung trägt – für sein Leben, für sein Schicksal, für seine Gesundheit und für seine Umgebung.

In dem Maße, in welchem man die Selbstverantwortung für sein Leben zu übernehmen bereit ist, in dem Maße kann man seine Selbstverwirklichung anstreben und vervollkommnen.

Das Wurzel-Chakra bildet das lebenswichtige Fundament und die Quelle der Vitalenergie für die höheren Chakras.

Ausgeglichene Energien im 1. Chakra weisen auf ungetrübte Lebenskraft und Lebensfreude hin. Es besteht eine tiefe Verbundenheit mit dem Leben, man lebt bewußt und ist seinen Aufgaben gewachsen.

Im Wurzel-Chakra drückt sich der Wille zum Dasein und zum Bestehen des Lebenskampfes aus. Es ist die Kraftquelle einer gesunden Sinnlichkeit und Zärtlichkeit, einer harmonischen Entwicklung und Vertrauensbereitschaft.

Blockaden im Wurzel-Chakra äußern sich häufig in einer beeinträchtigten Regenerationsfähigkeit. oder in Form von Knochen-, Zahn- und Wirbelsäulenbeschwerden und in Beschwerden, die mit dem Dickdarm und Anus einhergehen (z.B. Hämorrhoiden).

Psychisch äußert sich das in einem Hang zum Extremismus, Egoismus, einer verstärkten Aggressionsbereitschaft. Mitunter zeigt es sich auch in einer Abhängigkeit oder Hörigkeit, der man unterworfen ist. Lebensangst oder Lebensüberdruß resultieren oftmals daraus.

Anzeichen einer disharmonischen Funktion des Wurzel-Chakras sind außerdem ein übersteigertes, auf materielle Werte ausgerichtetes, Denken und eine Abhängigkeit von Geld und Besitz, ein übertriebenes Sicherheitsbedürfnis, gewaltsame Durchsetzung der eigenen Wünsche, ein Halten-Wollen um jeden Preis.

Es äußert sich auch in übertriebener Eifersucht, fehlendem Selbstbewußtsein, mangelndem Interesse an Sexualität und starkem Egoismus.

Auf körperlicher Ebene macht sich das in Form von Verstopfung, Übergewicht und Stoffwechselstörungen bemerkbar.

Eine Unterfunktion des 1. Chakras zeigt sich auch in einer schwachen, körperlichen Konstitution und mangelnder Widerstandskraft, in Gefühlen der Unsicherheit, Angst, Sorgen und übertriebener Befürchtungen. Man glaubt ständig, den Boden unter den Füßen zu verlieren.

Ein Überschuß an Energien verdeutlicht sich in nervöser Hektik und einer Abhängigkeit von sinnlichen Reizen und Genüssen (Drogen, Alkohol und dergleichen).

Die Heilfarbe für das 1. Chakra

Das Wurzel-Chakra kann durch ein leuchtendes, klares ***Rot*** aktiviert werden.

Rot vermittelt Dynamik, Vitalität und Lebenskraft. Es schenkt Mut und Durchschlagskraft, um sich den Anforderungen des Lebens zu stellen und diese auch bewältigen zu können.

Diese Farbe ruft im Körper eine starke Revitalisierung hervor. Sie erleichtert es dem Blutstrom, die in der Atemluft vorhandenen kosmischen Energien, das Prana, in geeigneter Weise einzuleiten und zu verwerten.

Der rote Heilstrahl, auf die Füße oder Fußsohlen gerichtet, hilft diese äußerst sensiblen, feinfühligen und empfänglichen Zentren zu stärken und mit Energie zu erfüllen und stärkt damit auch die Seele, den Mut aufbringen zu können, um ihre Lebensaufgabe weiterhin zielstrebig zu erfüllen.

Das 2. Energiezentrum

Sakral-Sexual- oder Milz-Chakra

Das 2. Chakra liegt in der Gegend der Geschlechtsorgane und steht in einer Wechselbeziehung mit der Sonne.

Wenn es voll aktiviert ist, dann strahlt es die Farben Rot, Orange, Gelb, Blau und Violett aus.

Ihm ist die Farbe ***Orange***, das Element Wasser und die Sinnesfunktion Schmecken zugeordnet.

Es weist eine sechsfächrige Form auf, die sich in 6 horizontalen Fächern aufteilt, während im Zentrum der 7. Teil liegt. Dieses Energiezentrum steht mit den Geschlechtsdrüsen in Verbindung und kontrolliert sowohl die sexuellen als auch die schöpferischen Kräfte und Fähigkeiten.

Hier findet die Erfahrung des Flüssigkeitsprinzips in uns statt, denn das 2. Chakra hängt mit dem Flüssigkeitshaushalt des menschlichen Körpers (Urin, Samen) zusammen.

Das Wasserelement reinigt und läutert, es löst auf und schwemmt fort, was sich als Blockade dem lebendigen Fließen entgegenstellt. Das äußert sich im körperlichen Bereich durch die entgiftende und ausscheidende Funktion von Nieren und Blase.

Auf seelischer Ebene symbolisiert es das Loslassen gestauter Gefühle und das Bereinigen blockierter Empfindungen.

Dadurch erschließen wir uns neuen Erfahrungen und Eindrücken, um unser Leben immer wieder neu zu entdecken und zu erleben.

Die Aspekte des 2. Chakras beziehen sich auf die Sexualenergie, besonders auf die Zeugungsenergie.

Zwischen der Sexualenergie und der Lebensenergie besteht ein unmittelbarer Zusammenhang, denn eine unverkrampfte, natürliche Einstellung zur Sexualität hat eine heitere, optimistische Grundstimmung und damit auch eine verstärkte Lebensenergie zur Folge.

Dadurch erfährt auch der Lebenswille einen enormen Auftrieb. Unsere zwischenmenschlichen Beziehungen, insbesondere die zum anderen Geschlecht, werden ganz entscheidend von der Funktion des 2. Chakras beeinflußt.

Ausgeglichene Energien im 2. Chakra weisen auf Ursprünglichkeit, Kreativität, auf ein harmonisches Gefühlsleben und eine natürliche Sinnlichkeit hin. Phantasiereichtum, Humor, Optimismus und eine gesteigerte Erlebnisfähigkeit äußern sich darin.

Blockaden im Sakral-Chakra verdeutlichen sich in einer Überängstlichkeit, Übersensibilität, Schuldgefühlen und Hemmungen, sowie in Frigidität oder Impotenz, einem Ekel vor Körperlichkeit, einem übertriebenen Sauberkeitsbedürfnis, mit dem Zwang, sich ständig waschen zu müssen.

Körperlich äußern sich diese Blockaden in Form von Krankheiten, die mit den Körperflüssigkeiten (Blut, Lymphe, Speichel, Galle, Harn u.s.w.) oder mit den dazugehörigen Organen, die diese Flüssigkeit verarbeiten, zusammenhängen (Nieren, Blase u.s.w.). Es besteht außerdem eine verstärkte Neigung zu Infektionskrankheiten.

Anzeichen einer disharmonischen Funktion im 2. Chakra sind außerdem Hemmungen und Spannungen gegenüber dem anderen Geschlecht, eine Unsicherheit seinen sexuellen Kräften gegenüber, übersteigerte, sexuelle Phantasien, unterdrückte Triebhaftigkeit. Die Befriedigung der eigenen sexuellen Bedürfnisse steht im Vordergrund.

Gefühle des Mangels an Zärtlichkeit und Zuwendung, verbunden mit körperlicher Nähe, äußern sich in einer zurückweisenden, oft mürrischen Haltung, obwohl die Sehnsucht nach einer erfüllten, sexuellen Beziehung tief innen vorhanden ist. Die schöpferischen Kräfte sind dadurch eingeschränkt, was auch in einer Beeinträchtigung der Lebensfreude zum Ausdruck kommt. Eine Unterfunktion des 2. Chakras verdeutlicht sich in einer zwanghaften Unterdrückung sexueller Energien, einem Mangel an Selbstwertgefühlen, erstarrten Emotionen und Gefühlskälte. Das Leben erscheint farblos und macht keinen Spaß.

Ein Energieüberschuß zeigt sich in einem aufbrausenden, aggressiven und genußsüchtigen Wesen.

Wenn diese beiden untersten Chakras ihre Funktionen nur eingeschränkt erfüllen, dann können sich auch die übrigen Chakras nicht völlig entfalten und sind in ihrer Energie blokkiert.

Die Heilfarbe für das 2. Chakra

Ein leuchtendes ***Orange*** ist die Heilfarbe für das Milz-Chakra. Es ist dies eine Farbe der Macht und kraftvollen Wärme und sie unterstützt im besonderen Maße eine positive, gedankliche Einstellung zum Leben.

Ein leuchtendes Orange, direkt auf das Milz-Chakra gerichtet, bewirkt, daß die feurigen Lebenskräfte der Sonne am unmittelbarsten vom menschlichen Organismus aufgenommen werden. Es erhöht die Spannkraft und wirkt wie ein stimulierendes Tonikum. Orange ist antriebsfördernd, ermunternd, anregend und vitalisierend.

Es spendet neue Impulse und löst mentale Blockaden im Gedanken- und Gefühlsbereich.

Außerdem stellt es eine besonders hilfreiche Anregung für

alle diejenigen dar, die sich vorwiegend mit gedanklicher Arbeit beschäftigen, oder die mit Anforderungen in Form einer Organisierungsaufgabe oder Führungsrolle betraut sind und die zuweilen durch diese Verantwortung geistig oder physisch müde geworden sind.

Diese sehr dominierende, vitale Farbe darf nicht zu verschwenderisch eingesetzt werden, da sie sonst überstimulierend wirken und zu Ermüdungserscheinungen führen kann.

Die Gemütsstimmung dieser orangen Heilfarbe schlägt sich in Gefühlen von Wärme, Geborgenheit und Umsorgtsein nieder.

Sie fördert das Selbstwertgefühl und stärkt die Freude am Leben und an sinnlichen Genüssen.

Das 3. Energiezentrum

Sonnengeflecht- oder Nabel-Chakra

Es befindet sich am Nabel, über dem Sonnengeflecht. Seine Hauptbedeutung liegt darin, daß wir uns über dieses Chakra sowohl mit der physischen als auch mit der ätherischen Welt verbunden fühlen.

Dieses Chakra ist der Ausgang, durch welchen unsere emotionale Energie fließen kann. Es ist der Sitz des Unterbewußtseins, der Persönlichkeit.

Wenn es voll aktiviert ist, dreht es sich in den Farben Rot und Grün.

Ihm ist die Farbe ***Gelb***, das Element Feuer und die Sinnesfunktion Sehen zugeordnet. Dieses Chakra erfährt seine Primärkraft aus zehn Schwingungsfeldern und steht in engster Beziehung mit Gefühlen und Gemütserregungen aller Art. Es hat Bezug zum Sonnengeflecht und verkörpert das harmonisierende, verbindende Element, den Verstand und den Intellekt.

Auf dieser Ebene erfahren wir die Eigenschaft des Ausdehnungsvermögens, der Wärme. Dieses Chakra ist der Sitz des Feuers in unserem Wesen. Licht ist eine Eigenschaft des feurigen Wesens und entsteht aus diesem. Die zum gegebenen Augenblick in uns vorhandene Kraft des Feuerelements regelt also die Helligkeit dessen, was wir gerade sehen.

Fühlen wir uns gut, dann erscheint alles hell und strahlend, ist die Stimmung jedoch schlecht, dann kommt uns alles grau und farblos vor. Der Unterschied dieser beiden Stimmungen liegt in der relativen Kraft, die zu diesem Zeitpunkt vom Sonnengeflecht-Chakra ausgeht.

Dieses Chakra hat etwas mit Gefühlen in Form von Emotionen zu tun. Aus Angst vor den Emotionen unterdrückt man seine wahren Gefühle. Die verdrängte Angst vor Aggressionen äußert sich in Form von Depressionen. Eine wichtige Aufgabe des 3. Chakras besteht darin, die Triebe und Wünsche der unteren Chakras zu lenken und ihre kreative Energie bewußt zu nutzen.

Ausgeglichene Energien im 3. Chakra äußern sich in einem Gefühl von Frieden und innerer Harmonie.

Das zeigt sich in einem entspannten, fröhlichen, extrovertierten und intelligenten Wesen und in einer Fähigkeit zu Gefühlsäußerungen, Spontanität und emotionaler Wärme. Das Handeln steht dann in Einklang mit den natürlichen Lebensgesetzen, woraus sich innerer und äußerer Reichtum und Fülle ergibt.

Vorstellungen, Wünsche und Pläne können mühelos realisiert werden, denn die Energien sind dafür in einer strahlenden

Lichtmenge vorhanden. Man zieht das Gewünschte gleichsam magisch an. Alles und jedes bringt einem Glück, Erfolg und Wohlstand.

Disharmonische Anzeichen sind folgende: Man hat das innere Verlangen, alles nach seinem Sinn beeinflussen zu wollen, möchte alles kontrollieren, uneingeschränkte Macht ausüben. Mit einem gesteigerten Aktivitätsdrang versucht man Gefühle der Ruhelosigkeit, Unzufriedenheit und Frustration zu überdecken. Es herrscht ein Mangel an innerer Gelassenheit; man ist unfähig loszulassen und sich zu entspannen. Der Wunsch nach Anerkennung, äußerem Reichtum und Streben nach Erfolg steht im Vordergrund. Nachdem das alleinige Streben nach Äußerlichkeiten keine dauerhafte Zufriedenheit und Befriedigung schenkt, wird man schließlich mutlos, niedergeschlagen und sieht überall Hindernisse, die sich den eigenen Wünschen entgegenstellen.

Die freie Entfaltung der Persönlichkeit wurde oftmals schon in der Kindheit empfindlich behindert und eingeschränkt, woraus eine innere Angst resultiert, die Anerkennung seiner Umwelt zu verlieren. Man verhält sich angepaßt, sucht ständig nach Bestätigung, fürchtet ungewohnte Erfahrungen und Herausforderungen und empfindet den Lebenskampf als unerträglich.

Die spontane Handlungsbereitschaft ist blockiert. Gefühle der Unsicherheit, mangelndes Selbstbewußtsein und Mißtrauen in verstärktem Ausmaß sind vorhanden (»Mauerblümchen«, »graue Maus«).

Blockaden äußern sich psychisch in egoistischen Machtansprüchen, einer übersteigerten Kauf- und Putzsucht, einem übertriebenen Prestigedenken, Gier und Neid.

Körperliche Anzeichen dafür sind unter anderem: Magenleiden, Leiden des Zwölffingerdarms und der Bauchspeicheldrüse, Leber- und Gallenleiden.

Die Heilfarbe für das 3. Chakra

Ein klares, sonnendurchflutetes ***Gelb*** stärkt die Funktionen des Sonnengeflecht-Chakras.

Der gelbe Heilstrahl birgt das leuchtende, schimmernde Gelb-Weiß der Sonnenstrahlen in sich - die Seele weitet sich aus, um der göttlichen Weisheit nahe zu kommen.

Gelb ist der Heilstrahl für alle, die mit geistigen Problemen ringen und die auf eine Erleuchtung ihrer Gedanken warten.

Diese Farbenergie belebt die Nerventätigkeit und fördert die Konzentration und das Denkvermögen.

Sie wirkt innerer Müdigkeit entgegen, schenkt eine gelassene, heitere Gemütsstimmung und hat einen klärenden, beruhigenden Einfluß bei seelischen Problemen.

Außerdem stärkt sie die geistige Aktivität und erhellt die Gedanken. Dieser leuchtende, goldgelbe Heilstrahl wirkt reinigend, stärkend und doch still und beruhigend, um Schwierigkeiten lösen und überwinden zu können.

Das 4. Energiezentrum

Herz-Chakra oder Herzzentrum

Es liegt über dem Herzen, hat eine leuchtend goldene Strahlung und ist die Quelle von Liebe und Licht.

Auf der Herzebene erfahren wir die Eigenschaften der Leichtigkeit, Freundlichkeit und Beweglichkeit. Sie drückt Sympathien und Kontaktfreudigkeit aus.

Diesem Chakra ist die Farbe ***Grün***, aber auch ***Rosa*** und

Gold zugeordnet. Das Element Luft und die Sinnesfunktion Tasten ist ihm adäquat. Das Herz-Chakra erstrahlt in 12 Schwingungsfeldern.

Es ist das vitale, kraftspendende Element der Kreativität, Lebenslust und Freude und steht für Harmonie und Ausgeglichenheit, Herzlichkeit und Großzügigkeit.

Das Herz-Chakra bildet den Mittelpunkt der sieben Hauptenergiezentren. In ihm sind die drei unteren physisch-emotionalen Zentren mit den drei oberen geistig-spirituellen verbunden.

Auf dieser Ebene finden wir die Fähigkeit, uns einzufühlen und mitzuempfinden. Hier nehmen wir Schönheit, Harmonie und gefühlvolle Stimmungen wahr.

Das Herz-Chakra sprüht seine Kraft besonders stark nach außen. Wenn es voll aktiviert ist, dann strahlt es Mitgefühl, Verständnis und tiefe Lebensfreude aus.

Dieses 4. Chakra weist zwei wichtige Aspekte auf.

Es geht hier vor allem um die positive, gesunde Eigenliebe und um die mitfühlende, hilfsbereite Liebe zu den Mitmenschen. Gesunde Eigenliebe - nicht rücksichtsloser Egoismus - ist eine wesentliche Grundvoraussetzung für ein erfülltes, befriedigendes und bewußtes Leben.

Das Herz-Chakra wird auch das »Tor zur Seele« genannt, denn es ist der Sitz unserer tiefgreifenden und innigsten Gefühle, über welches man mit dem universellen Teil seiner Seele, dem »Göttlichen Funken« in Verbindung treten kann.

Ausgeglichene Energien im 4. Chakra zeigen eine gefühlvolle, ausgeglichene, hilfsbereite menschliche Wesensart. Es besteht ein tiefes, ausgeprägtes Verlangen nach Frieden und Harmonie in allen Lebensbereichen, ein Hang zum Guten und einer ständigen Bereitschaft zum Ausgleichen und Glätten, verbunden mit Freundlichkeit und Liebenswürdigkeit.

Disharmonische Aspekte zeigen eine verstärkte Abwehrhaltung, sich zu öffnen, zu empfangen oder anzunehmen, sei es in Form von Gefühlen und Zärtlichkeiten, oder von Hilfen, Geschenken oder sonstiger, materieller Dinge.

Ein Energieüberschuß zeigt sich in verstärkter Kritiksucht, Besitzansprüchen, übertriebenen Forderungen, Launenhaftigkeit, Unausgeglichenheit, Teilnahmslosigkeit, depressiven Stimmungen oder auch in einer inneren Kälte und Herzlosigkeit.

Eine Unterfunktion macht sich in einer leicht verletzbaren, überempfindlichen Art bemerkbar. Man ist von Liebe und Zuwendung anderer Menschen abhängig, hat ständig Angst, zurückgewiesen zu werden und ist dann tief betroffen, depriminiert und traurig, wenn man von irgendwoher eine Ablehnung erfährt. Man möchte zwar gerne Liebe geben, hat aber Angst vor irgendwelchen Enttäuschungen und umgibt sich deshalb lieber mit einem Panzer in Form einer Abwehrhaltung.

Blockaden im Herz-Chakra äußern sich in einer übertriebenen Selbstlosigkeit, einer egoistischen, erdrückenden Liebe, die Bedingungen stellt, Forderungen und Ansprüche.

Körperlich zeigt sich das in Herzbeschwerden, Durchblutungsstörungen, Lungenerkrankung, Immunschwäche und Funktionsstörung der Thymusdrüse.

Die Heilfarbe für das 4. Chakra

Der grüne Heilstrahl schenkt Harmonie und Verständnis, er überträgt Gefühle des Friedens und der Versöhnung, der Sympathie und der Freundschaft.

Er wirkt regenerierend auf Körper, Geist und Seele und schenkt neue Energien und kraftvolle Impulse.

Die grüne Farbenergie vermittelt der Seele die Qualitäten der Anteilnahme, der Anpassungsfähigkeit und des Verständnisses für alle menschlichen Sorgen und Nöte.

Grün ist die Farbe der Natur, der Vegetation, des Lebens.

Es ist eine wohltuende, erholsame, angenehm verwöhnende Farbe, die nicht erschöpfend, ermüdend oder überstimulierend wirkt, sondern nur sanft, reinigend und klärend.

Das tiefste Grün, das als Heilfarbe Verwendung finden kann, ist ein klares, lichtdurchflutetes Smaragdgrün in seiner kühlenden, reinigenden, besänftigenden und regenerierenden Wirksamkeit.

Es befreit die Seele von Blockaden, Verspannungen und von sorgenvollen Gedanken, die sich auf die Materie beziehen. Die Heilfarbe Grün birgt Qualitäten in sich, welche menschliche Belange und Nöte in höchst feinfühliger Weise zu lösen vermögen. Grün läßt himmlische Harmonie besänftigend und beruhigend einfließen.

Es ist die Farbe der Vollkommenheit, die sich im irdischen Bereich manifestiert.

Auch die rosa Heilstrahlen sind hilfreiche Energien für das Herz-Chakra.

Sie spenden dem Herzen neue Kraft und Zuversicht und sie lindern oder vertreiben sorgenvolle, verzagte, verzweifelte oder traurige Gedanken.

Rosa mit seinen zarten, sanften Schwingungen löst Verkrampfungen des Herzens, weckt liebevolle, zärtliche Gefühle und vermittelt Energien, die glückliche Empfindungen aufkommen lassen.

Gold vereinigt in sich die Heileigenschaften von Gelb und Orange, durchflutet die Seele mit einer glänzend schimmernden Heilenergie und ist damit die hilfreichste Farbe, um sie wieder aufzurichten, wenn Lebensprobleme auf ihr lasten, Depressionen sie niederdrücken und aller Hoffnungen berauben.

Deshalb ist auch Gold die Farbe des Herz-Chakras.

Mit seiner Heilenergie ist Gold in der Lage, eine belebende, reinigende und erneuernde Wirkung zu erzielen, die einer inneren Müdigkeit und Energielosigkeit hilfreich entgegenwirken kann.

Das 5. Energiezentrum

Hals- oder Kehl-Chakra

Es ist das Zentrum menschlicher Ausdrucksfähigkeit, über welches eine kreative Kommunikation mit der Außenwelt hergestellt wird. Es übermittelt damit die Absicht des Geistes und der Seele. Auf dieser Ebene erfahren wir das heilende Element, die Hingabe, den Idealismus, den Respekt, das Vertrauen und den wahren Glauben. Dieses Energiezentrum steht für die Inspiration und für die Vermittlung von höheren Weisheiten, für Erkenntnis und für Unabhängigkeit.

Es liegt am Hals und erscheint in der Aura silbrig-blau, wobei es häufig ein wenig ins Grünliche spielt. Diesem 5. Chakra ist die Farbe ***Blau***, das Element Äther und die Sinnesfunktion Hören zugeordnet.

Hier finden wir die Eigenschaften des abstrakten Raumes. Dies charakterisiert das Element des Äthers. Durch den Äther werden die 4 anderen Elemente - Feuer - Wasser - Erde - Luft - kontrolliert. Das Kehl-Chakra stellt somit eine Verbindung zwischen dem Prinzip des Denkens im Stirn-Chakra und den unteren Chakras dar und gilt als Brücke zwischen unserem

Denken und Fühlen und zwischen Impulsen und Reaktionen.

Das Hals-Chakra steht aber auch für die Kommunikation mit unserer Seele und für das Wahrnehmen ihrer Regungen und Bedürfnisse. Dieses Energiezentrum hat einen direkten Bezug zum Sakral- oder Sexual-Chakra. Eine verkrampfte, verschlossene Einstellung zum anderen Geschlecht weist auf eine verkrampfte Einstellung in bezug auf die eigenen Empfindungen und Gefühle und damit auch auf die eigene Seele hin.

Ausgeglichene Energien im 5. Chakra deuten auf eine künstlerische Begabung, auf Rednergabe, ein Verlangen nach Meditation und eine Suche nach spirituellen Lehren hin.

Das Hals-Chakra steuert den Selbstausdruck eines Menschen und damit seine Sprache, Mimik und auch seine Körperhaltung. Blockaden im 5. Chakra äußern sich häufig in Form von Heiserkeit. Oft zeigt sich darin eine unbewußte Angst aus sich herauszugehen, um sich unmißverständlich ausdrücken zu können.

Man hat Schwierigkeiten, seine Meinung klar kundzutun, ist still, schüchtern, zurückgezogen, die Stimme klingt belegt, man hat das Gefühl, einen Kloß im Hals zu haben oder beginnt zu stottern.

Lieber schließt man sich der allgemeinen Ansicht an und bezieht keine eigene Stellungnahme.

Das Vertrauen in die eigenen Fähigkeiten ist erschüttert, man findet keinen Zugang zu seiner inneren Stimme und zu seinen Intuitionen.

Bei einem Energieüberschuß äußert sich das in einem arroganten, dominierenden und selbstgerechten Wesen, einer übertriebenen Mitteilsamkeit und Klatschsucht oder in einem Hang, ständig diskutieren zu müssen.

Macho-Typen und dominierende Machtmenschen, die immer

eine führende Rolle spielen wollen, sind hier einzureihen.

Körperlich verdeutlichen sich diese Blockaden in Verspannungen, einer verstärkten Neigung zu Krämpfen oder in Schilddrüsenstörungen.

Die Heilfarbe für das 5. Chakra

Der blaue Heilstrahl schenkt Ruhe und Frieden und öffnet den Geist für Intuitionen und spirituelle Erfahrungen.

Das tiefe ***Blau*** bringt dem rastlosen Gemüt die ersehnte Stille. Es beschwichtigt und entspannt ein ängstlich verkrampftes Nervensystem und gewährt ein Gefühl des beruhigten Vertrauens in die allgegenwärtige Macht göttlicher Liebe und Weisheit.

Blau ruft in der Seele ein Verlangen hervor, die Hilfe des Himmels anzurufen und die Sehnsucht, sich mit den Schwingungen der himmlischen Welt vereinen zu können.

Der blaue Strahl umflutet die Seele mit einem Frieden und einem Gefühl ruhiger Geborgenheit und innerer Sicherheit, selbst dann, wenn die momentanen Belastungen erdrückend zu sein scheinen.

Alle Ängste gleiten von ihr ab und schwinden dahin.

In Liebe und gläubigem Vertrauen fügt sie sich dem göttlichen Willen.

Das 6. Energiezentrum

Stirn-Chakra oder »Drittes Auge«

Dieses 6. Chakra liegt zwischen den Augenbrauen. Seine Funktion ist die Beherrschung der ganzen Persönlichkeit. Es liegt auf der Ebene des Gehirns, wo das Denken stattfindet und wo ein Fluß von gedanklichen Bildern und abstrakten Ideen ständig vor unserem geistigen Auge abläuft. Ihm ist die Farbe ***Indigo*** zugeordnet.

Das 6. Chakra steht für das intuitive, anregende Element, die erweiterte Sichtweite, für Weisheit, verbunden mit Inspiration, für Heilsein, im wahrsten Sinn des Wortes. Es ist direkt mit der Sehfähigkeit im erweiterten Sinn verbunden und daher von großer Bedeutung für das intuitive Sehen, aber auch für das Hellhören und andere außersinnliche Wahrnehmungen.

Hier liegt die Quelle der Kreativität, Intelligenz und Weitsicht. Das 6. Chakra sieht aus, als ob es in zwei Hälften geteilt worden wäre, wobei jede Hälfte 48 Felder beinhaltet, was zusammengenommen 96 ergibt. Das zeigt uns, daß wir es hier mit andersartigen, höheren Zentren zu tun haben, die zu ihrem Ausdruck eine bedeutend höhere Auswahl an Energien benötigen.

Wenn es voll aktiviert ist, weist es 2 charakteristische Farben auf, nämlich ein goldglänzendes Gelb, das sich mit einem tiefen Blau abwechselt.

Das »Dritte Auge« ist der Sitz aller Bewußtwerdungsprozesse. Unsere Vorstellungskraft erzeugt hier die Energie zur Erfüllung eines Wunsches, einer Veränderung oder einer kreativen Idee. Was man vorher vielleicht nur schemenhaft geahnt hat, wird auf dieser Ebene zu klarem Wissen durch Intuition, Hellsehen, Hellhören oder Hellfühlen.

Dieses Chakra hat auch mit der persönlichen Einstellung zur Umwelt zu tun und mit der Art, wie man sich in diese einbringt.

Ausgeglichene Energien im 6. Chakra verdeutlichen ein kosmisches Bewußtsein, wahre Zufriedenheit und inneres Glücklichsein. Das »Dritte Auge«, der Sitz der Intuition ist erweckt und vermittelt Zugang zu geistiger Führung, Fähigkeit zur Telepathie und zu außersinnlichen Wahrnehmungen.

Das Denken ist erfüllt von Idealismus und Phantasie. Gedanken, Wünsche und Vorstellungen verwirklichen sich oft spontan. Der Weg zu allen subtilen Ebenen der Wirklichkeit ist frei. Man hat sein Leben klar und deutlich vor seinem geistigen Auge.

Blockaden im 6. Chakra äußern sich in einem plan- und ziellosen Leben, in labilen Denkungsweisen, dauernder Unterbeschäftigung oder Arbeitslosigkeit, in fehlender Selbstdisziplin oder in einem Hang dazu, ständig etwas Neues beginnen zu müssen.

Dazu zählt häufiger Wechsel von Partnern, Arbeitsplätzen oder Wohnorten.

Ein Energieüberschuß zeigt sich bei Fanatikern, Egozentrikern, dogmatischen Religionsanhängern, bei Menschen mit einem Standesdünkel, einem übertriebenen Stolz oder einer intellektuellen Überheblichkeit.

Unterfunktionen verdeutlichen sich bei Menschen, die keinerlei Interesse zeigen, keine Hobbies, keine Meinung und keine Initiative haben. Erschöpfungszustände, ständige Müdigkeit, mangelnde Regenerationsfähigkeit sind Symptome dafür. Leistungsschwäche, Vergeßlichkeit oder Sehstörungen hängen häufig mit einer Unterfunktion des 6. Chakras zusammen.

Der Bezug zur Realität ist getrübt, unklare, verworrene Gedanken und Gefühle beeinträchtigen das Leben.

Die Heilfarbe für das 6. Chakra

Die Farbqualität des indigofarbenen Heilstrahls liegt in seiner selbstlosen Hingabe und in seinem ihm eigenen, besonderen

Frieden. ***Indigoblau*** erfüllt den Geist mit tiefer Ruhe, stärkt die Sinne und vermittelt Weisheit im Verständnis spiritueller Wahrnehmung. Es ist die Farbe des aufdämmernden Gewahrwerdens geistiger Sphären und der Entfaltung des höheren Bewußtseins, welches die Weisheit höherer Ebenen erfaßt.

Der indigoblaue Heilstrahl ist der Strahl des wahren Heilens, denn er trägt das Wesen und die Qualitäten aller Spektralfarben in sich und besitzt damit auch ihren ganz speziellen Charakter und die geballte Kraft ihrer kosmischen Heilenergien.

Er vermittelt tiefes, inneres Verstehen, das Erkennen des »Göttlichen Funkens« im eigenen Selbst und das Heilwerden der Seele durch die Macht des Geistes.

Das 7. Energiezentrum

Scheitel- oder Kronen-Chakra

Das 7. Chakra liegt am Scheitel des Kopfes. Ihm entspricht das geistige Element einer höheren Bewußtseinsstufe, die Spiritualität.

Im aktivierten Zustand schwingt es am intensivsten von allen Chakras und sprüht ein ganzes Feuerwerk von Farben. In der Aura erscheint es jedoch vorwiegend Violett. Es ist in 972 Speichen gegliedert. Das Kronen-Chakra ist der Sitz der höchsten Energieschwingungen im Menschen. Diese Schwingungen werden in der Kunst oft als Heiligenschein dargestellt. Das verdeutlicht die Ausschüttung spiritueller Energien durch das Scheitelzentrum.

Dieses ist das letzte Chakra, das zum Erwachen gebracht wird und daher ist es mit der höchsten Form spiritueller

Vollkommenheit gleichzusetzen. Ist es voll aktiviert, dann kann es sowohl feinstoffliche Energien aus höheren Dimensionen verinnerlichen, als auch seine Funktion umkehren und sonnenähnlich in die Umwelt leuchten. Die große Bedeutung dieses Energiezentrums liegt darin, daß es der Empfänger der mächtigsten, spirituellen Energie ist. Wenn dieser Ausdruck vollendet ist, dann ist die Gnade der Vereinigung mit dem göttlichen Prinzip im Selbst erreicht.

Diesem Energiezentrum ist die Farbe ***Violett*** zugeordnet.

Auf der Ebene erfahren wir die Konzentration auf das Wesentliche, die Durchdringung der Materie mit dem göttlichen Licht, die Auflösung von Begrenzungen und die Einswerdung mit dem höheren Selbst.

Auf die Aktivierung der sechs unteren Energiezentren können wir selbst konkret einwirken, im 7. Chakra ist die vollkommene Entfaltung erzielt. Dadurch lösen sich auch die letzten Blockaden in den übrigen Chakras auf und ihre Energien beginnen in höchsten Frequenzen zu schwingen.

Das Scheitel-Chakra hat auch etwas mit Macht und Unterdrückung zu tun, denn es hat eine Beziehung zum Wurzel-Chakra, woraus deutlich wird, daß es hier um die Macht geht, mit den eigenen Fähigkeiten, sein Lebensziel zu erreichen.

Unterdrückung im Leben bedeutet, daß auch die eigenen Fähigkeiten unterdrückt und damit eingeschränkt werden. Freiheit ist die notwendige Voraussetzung für Selbstverwirklichung und Persönlichkeitsentfaltung.

Ausgeglichene Energien im 7. Chakra bedeuten Zugang zum Unbewußten, Offenheit gegenüber höheren Energien.

Im Scheitel-Chakra gibt es keine Blockaden. Es kann nur mehr oder weniger stark entwickelt sein.

Ein Energiemangel äußert sich in fehlender Lebensfreude

und in mangelhafter Tat- und Entschlußkraft. Bei einem Energieüberschuß kommt es zu unbefriedigenden Gefühlen infolge nicht realisierter Energie, zu Frustrationen, depressiven, destruktiven und unberechenbaren Gedankenformen und Äußerungen.

Die Alternative dazu stellt dann oftmals eine Flucht in viele Aktivitäten dar, verbunden mit dem Wunsch, sich möglichst große Verantwortung aufladen zu wollen, um damit die eigene Tüchtigkeit unter Beweis zu stellen.

Auf körperlicher Ebene äußert sich das in Form häufiger Migräne-Anfälle und starker Kopfschmerzen. Auch eine übersteigerte Angst vor dem Tod ist mitunter ein Symptom dafür, daß das 7. Energiezentrum unausgeglichen ist.

Es ist das Bewußtsein auf der Ebene des Scheitel-Chakras, dem die Erfahrung mit der eigenen Quelle, der göttlichen Wirklichkeit im eigenen ICH, obliegt.

Dies ist die mystische Erfahrung sämtlicher Religionen. Auf dieser Ebene erkennt man die Einheit mit allem Leben - man befindet sich im Zentrum des Lebens.

Um sein wahres ICH zu finden, muß man sein niederes ICH aufgeben. Das Finden des wahren ICH entspricht der Umwandlung von Energien von den unteren Chakras angefangen bis hinauf zum Scheitel-Chakra.

Die Heilfarbe für das 7. Chakra

Der ***violette*** Heilstrahl ist die anregende Farbenergie für das Kronen-Chakra.

Es ist der Strahl der geistigen Macht, der mit dem Äther, dem feinstofflichsten Element, in Einklang steht. Violett bewirkt die Transformation von Geist und Seele, löst Begrenzungen auf und eröffnet den Blick für spirituelle Dimensionen. Das

Bewußtsein wird damit emporgehoben zu höheren Ebenen und die Seele vereinigt sich mit dem »Göttlichen Licht«.

Weiß, die subtilste und differenzierteste aller Heilschwingungen, symbolisiert die allesdurchstrahlende Kraft der Sonne und verkörpert die Vereinigung der verschiedenen Ebenen des Lebens zu einem üergeordneten Ganzen.

Der weiße Heilstrahl versinnbildlicht damit die allumfassende göttliche Liebe - das weiße Christuslicht, die Gnade der Erlösung. Deshalb wird auch der weiße Heilstrahl dem Kronen-Chakra zugeordnet, da dieses die Vollendung im Selbst verdeutlicht.

Krankheitserscheinungen und ihr Farbmangel

Es gibt eine unmittelbare Verbindung zwischen bestimmten Krankheitsbildern und dem Mangel an einer Farbe, die damit in Beziehung steht.

Das beruht auf der Tatsache, daß die Zellen in diesem Fall ihre Farbkapazität verloren haben, was schließlich zu einer körperlichen Auswirkung dieses Energiemangels, also zu Krankheitserscheinungen, führt.

Eine Krankheit verdeutlicht demnach einen Farbenergiemangel. Das klingt im ersten Moment ganz einfach, stellt aber dennoch ein sehr komplexes Geschehen dar, denn es sind Millionen von Zellen, die in ihrer Lichtkapazität eingeschränkt worden sind und die sich damit in eine kontrollierbare »Abwehrhaltung« begeben, was sich in Form von Schmerzen und Störungen des Allgemeinbefindens deutlich macht.

Alles Geschehen im Körperlichen hat seinen Ursprung im Inneren eines Menschen, in seinen feinstofflichen Energiezentren, die eine Entgleisung ihrer normalen Funktionen erlitten haben und das in der Weise anzeigen, daß sie an die ihnen zugeordneten körperlichen Organe, Drüsen oder Zonen Schmerzsignale abgeben, die ein Warnzeichen einer solchen Fehlfunktion darstellen.

In diesem Zusammenhang ist es notwendig, sich noch einmal ganz deutlich zu machen, daß alles, was sich im Organischen abspielt, seinen Ursprung im feinstofflichen Bereich hat und daher auch nur darüber wieder ausgeglichen werden kann. Das beginnt damit, daß man sich darüber klar werden muß, wo die Ursachen der Beschwerden und körperlichen Leiden zu suchen sind, und hier setzt dann wieder ein Kreislauf ein, der berücksichtigt werden muß, um eine ganzheitliche Heilwirkung zu erzielen, die eine fundierte ist und nicht auf der Verdrängung anderer Symptome beruht.

Eine echte Heilbehandlung beginnt an den Wurzeln des Übels, nämlich dort, wo die eigentlichen Ursachen zu suchen und zu finden sind.

Damit kommen wir zu einem Punkt, der hier eine große Rolle spielt und der das Gebiet der »12 Geisteskräfte« umschließt, die in einem unmittelbaren Zusammenhang damit stehen. Diese 12 Geisteskräfte sind feinstoffliche Faktoren des Ätherkörpers, die man als »Dirigenten« des Körpers bezeichnen kann.

Sie haben die Aufgabe, den Geist des Menschen zu fokussieren, das heißt, ihn zu bündeln, um ihm damit mehr Energie zu verleihen und in seiner Kapazität zu stärken.

Die 12 Geisteskräfte sind folgende:

1. Geisteskraft der Spiritualität
2. Geisteskraft des Glaubens
3. Geisteskraft des Willens
4. Geisteskraft der Vorstellung
5. Geisteskraft der Empfindungen
6. Geisteskraft der Eingebungen
7. Geisteskraft der Gefühle
8. Geisteskraft der Beurteilung
9. Geisteskraft des Denkens
10. Geisteskraft der Standhaftigkeit
11. Geisteskraft des Erkennens
12. Geisteskraft der Entscheidung

Diese 12 Geisteskräfte unterliegen ganz bestimmten Schwingungsfrequenzen, die mit denen der sieben großen Farbschwingungen übereinstimmen und die miteinander in eine Resonanzbeziehung treten können, um so eine ausgleichende, gesundheitsfördernde Wirkung zu erzielen.

Die 12 Geisteskräfte liegen in unmittelbarer Nähe der sieben Chakras und haben daher die gleiche Farbentsprechung wie das jeweilige Chakra, das dieses Gebiet beherrscht.

Eine ausgezeichnete Möglichkeit, auf die Geisteskräfte positiv und harmonisierend einzuwirken, ist in der Farbtherapie gegeben.

Hier kann man nämlich gezielt Energie einsetzen, um über das Resonanzprinzip das Schwingungsverhalten der Zellen zu beeinflussen.

Die Farbenergie ist dafür prädestiniert, weil hier kosmische Energien wirksam werden, die auf die adäquaten kosmischen Informationen in den Zellen treffen, um dort einen Zustand gesetzmäßiger Ordnung wiederherzustellen.

Die Meridiane sind die »Schleusen der Vitalenergie«, über die man mit den gestörten Zellen in Verbindung treten kann, um ihnen die benötigte Schwingungsfrequenz zuzuführen.

In den Meridianen liegen nämlich die »Schaltstellen«, die wie ein Verstärker wirken und die damit Energie im erhöhten Ausmaß weiterleiten können.

Daher ist eine Heilbehandlung mit Farblicht über die Meridiane am wirkungsvollsten, weil der Erfolg schnell, mitunter sogar unmittelbar, eintritt.

Die Geisteskräfte und ihre Farben

Im Prinzip liegen die 12 Geisteskräfte in den Farbzonen des menschlichen Körpers, die mit den sieben Chakren und den dazugehörigen Farben übereinstimmen.

Violette Zone: Spiritualität, Glauben (7. Chakra)

Die Geisteskraft der ***Spiritualität*** liegt in der violetten Zone. Sie befindet sich am Scheitel des Kopfes und steht mit dem 7. Chakra in Verbindung. Über diese Zone läßt sich Heilkraft in das Zentrum zuführen, das auf dem Gebiet der spirituellen und mentalen Basis wirksam ist.

Auf körperlicher Ebene kann man damit auf Kopf, Nerven und das Vegetativum einwirken, die dadurch eine kräftigende Heilwirkung erfahren. Diesem Bereich entspricht physiologisch die Epiphyse (Zirbeldrüse), die an der Unterseite des Stammhirns liegt und mit dem Wachstumsprozeß in Verbindung steht.

Von hier aus lassen sich Denkanstöße anregen, die dazu führen, ein außergewöhnlich kreatives Schaffen und geistiges Wissen zu fördern.

Auch die Geisteskraft des ***Glaubens*** findet sich in diesem Bereich. Die Glaubenskraft vermag die in den Atomen der Zellen gelagerte Energie zu durchdringen und freizusetzen und regelt die Wahrnehmungskraft für das innere Licht (Wunderheilung). Augen, Ohren und Gehirn werden von der Geisteskraft des Glaubens beeinflußt.

Für die Farbtherapie setzt man hier die Farbe ***Violett*** gemeinsam mit der Komplimentärfarbe ***Gelb*** im Wechsel ein. Man bestrahlt den Scheitel des Kopfes jeweils eine Minute mit den beiden Farbenergien, beginnt mit Gelb und endet mit Violett. Das wiederholt man mindestens 5 Mal.

Indigoblaue Zone:
Wille und Vorstellung (6. Chakra)

Die Geisteskräfte, die in der indigoblauen Zone liegen, sind die des ***Willens***, sie liegt in der Stirnmitte beim »Dritten Auge« und die der ***Vorstellung***, die sich zwischen den Augen befindet.

Das 6. Chakra steht damit in Verbindung. Physiologisch ist diesem Gebiet die Hypophyse (Hirnanhangdrüse) zugeordnet, die an der Schädelbasis liegt und mehrere Hormone ausschüttet. Ihre Funktion ist die Regulierung von Wachstums- und Stoffwechselprozessen. Von hier aus werden Augen, Ohren, Nase, Nebenhöhlen, Gesicht, Kleinhirn und das Zentralnervensystem beeinflußt. Wenn der »Fluß des Lebens« blockiert ist, kommt es zu Blutandrang, Kopfschmerzen, Übererregbarkeit, Uneinsichtigkeit, Eigensinn und Überanstrengung von Nerven und Muskeln, was sich in einer Verminderung der Seh- und Hörfähigkeit niederschlagen kann. Jedes Organ in unserem Körper wird von der Tätigkeit des Willens in Mitleidenschaft gezogen und beeinflußt.

Wenn man diese Geisteskraft jedoch mißbraucht und ständig bemüht ist, alles mit Gewalt erzwingen zu wollen und halsstarrig seinen Willen durchsetzt, dann schafft man sich damit selbst Kummer und Enttäuschungen.

Auf körperlicher Ebene drückt sich diese Halsstarrigkeit in

Nacken- und Schulterbeschwerden aus. »DEIN Wille geschehe« sollte bei allen Willensanstrengungen immer das Grundprinzip sein. Der Wille stimuliert mit seinem gewaltigen Energiepotential auch alle anderen Geisteskräfte und setzt sie damit in Bewegung.

Die Geisteskraft der Vorstellung entspricht dem uneingeschränkten Phantasiereichtum, der den Willen mit farbigen Zukunftsvisionen versorgt und ihm damit einen gewaltigen Ansporn verleiht, sein Ziel hoch oben anzusetzen, um das innere Kraftpotential voll auszulasten und, um damit dem Sinn des irdischen Lebens gerecht zu werden.

Diese Kräfte lassen sich auf der indigoblauen Ebene sehr wirkungsvoll beeinflussen, indem man die sechs Farbschwingungen Rot - Grün, Orange - Blau und Gelb - +Violett hintereinander, je eine Minute, in dieser Reihenfolge auf die Stirnmitte richtet. Das wirkt sehr eindrucksvoll auf die zugehörigen Organe und regt zudem die Geisteskräfte dieser Zone an, aktiv zu werden.

Blaue Zone: Empfindung und Eingebung (5. Chakra)

Die Geisteskräfte der ***Empfindung*** und der ***Eingebung*** liegen in der blauen Zone, die dem 5. Chakra entspricht.

Physiologisch ist diesem Gebiet die Schilddrüse zugeordnet, die sich an beiden Seiten der Luftröhre befindet und die das körperliche Gleichgewicht über den Stoffwechsel regelt.

Von hier aus wird das Sprachzentrum energetisch versorgt. Über dieses Energiezentrum kann man sowohl aufbauend als auch zerstörerisch auf sein Leben einwirken, mittels der Kraft des gesprochenen Wortes, denn das gesprochene Wort hat eine enorme Macht, weil es energiegeladene Schwingung in den ganzen Organismus weiterleitet.

Durch negative, kritiksüchtige und verletzende Worte mißbraucht man die Geisteskräfte der Empfindung und Eingebung und baut damit ein Leid auf, das selbstverschuldet ist.

Worte der Verleumdung, Kritik oder Beleidigung können Hals- und Brusterkrankungen nach sich ziehen, wie Husten, rauhen Hals, Erkältungskrankheiten. Die Zunge ist mit der Seelennatur nahe verwandt.

Die Geisteskraft der Eingebung ist mit Mut und Zuversicht gepaart und verleiht damit einer Persönlichkeit Glanz, Farbigkeit und Strahlkraft.

In diesem Bereich treffen sich Bewußtsein und Unterbewußtsein und hier ist der »Umschlagplatz« von grob- und feinstofflichen Energien und damit ist das eine sehr wichtige Zone, um die geistigen und organischen Kräfte positiv anzuregen und auszugleichen. Man bestrahlt hier den Bereich der Medulla oblongata (auf der Rückseite des Halses) mit ***Orange*** und ***Blau*** im Wechsel, jeweils eine Minute pro Farbe, mindestens fünf Mal hintereinander, beginnt dabei mit Orange und endet mit Blau.

Damit erzielt man eine allgemeine Regenerierung aller der Schilddrüse zugehörigen Organe und fördert das Energiepotential von Augen, Ohren, Mund, Zähne, Zahnfleisch, Hals, Zunge, Stirnhöhle, Nacken- und Schulterbereich, Arme, oberem Lungenbereich, Bronchien, Luftröhre, Speiseröhre und des Sprachzentrums.

Grüne Zone:
Gefühle (4. Chakra)

Die Grüne Zone der Herzfunktionen hängt mit der Geisteskraft der ***Gefühle*** zusammen und kann daher eine sehr hilfreiche Stimulation erfahren, wenn man hier grünes und rotes Farblicht im Wechsel einsetzt.

Man bestrahlt die Mitte des Brustkorbes (in der Höhe der Achselhöhlen) jeweils eine Minute pro Farbe, mindestens fünf Mal, wobei man mit ***Rot*** beginnt und mit ***Grün*** endet.

Gedanken der Liebe rufen eine wohltuende, chemische Veränderung im Körper hervor. Sowie die Geisteskraft der Gefühle eine Energiesteigerung erfährt, verringern sich Herzbeschwerden, das Blut zirkuliert besser, die Haltung verbessert sich und die Haut erfährt eine straffende Wirkung.

Dieses Zentrum, das dem 4. Chakra zugeordnet ist, steht mit der Thymusdrüse in Verbindung, die das Wachstum regelt, das Lymphsystem steuert und das Immunsystem anregt und stärkt.

Von hier aus werden Herz, oberer Rücken und Brustkorb, unterer Lungenbereich, sowie Blut, Blutkreislauf und die Haut beeinflußt. Man kann über diese Zone sehr wirkungsvoll auf die Verzögerung des Alterungsprozesses einwirken.

Gelbe Zone:
Beurteilung, Denken (3. Chakra)

Die gelbe Zone ist ein sehr wichtiges Gebiet für alle innerorganischen Körperfunktionen, die zur Erhaltung des menschlichen Lebens die Grundvoraussetzungen bieten.

Hier befindet sich das »Lebenszentrum« des Menschen und daher ist von hier aus eine sehr gute Regenerierung des Organismus zu erzielen.

Mit dieser Zone steht die Bauchspeicheldrüse in Verbindung, deren Enzyme für den Fett- und Proteinstoffwechsel sehr wichtig sind. Außerdem sekretiert sie das Insulin, das für das Blutzuckergleichgewicht und den Kohlehydratstoffwechsel notwendig ist. Das 3. Chakra ist hier einflußreich auf die Funktionen von Magen, Leber, Milz, Gallenblase, sowie das Verdauungssystem und das vegetative Nervensystem.

Die Geisteskräfte der ***Beurteilung*** und des rationellen ***Denkens*** sind hier eingeordnet.

Ein Mißbrauch der Geisteskraft der Beurteilung führt zu Magenbeschwerden und allen damit zusammenhängenden Krankheiten des Unterleibs, wie z.B. Magen-Darmstörungen, Verdauungsprobleme, Verstopfung, sowie Diabetes, Rheumatismus, Arthritis, Neuralgien, Entzündungen, Geschwüren, Blutungen und Störungen von Leber, Galle, Milz und Nieren.

Ein Mißbrauch der Geisteskraft des rationalen Denkens stört das kosmische Prinzip der göttlichen Ordnung und führt zu Disharmonie im Gefühlsbereich, Nervenzusammenbrüchen, Überarbeitung und Herzversagen.

Alle Arten von Sucht haben ihren Ursprung in einer inneren Disharmonie und einem damit verbundenen Mangel an Ordnung. Für die Farbtherapie nimmt man hier die beiden Komplementärfarben ***Gelb*** und ***Violett***, wobei man mit Violett beginnt und mit Gelb endet. Abwechselnd jeweils eine Minute pro Farbe mindestens fünf Mal den Nabelbereich bestrahlen.

Orange Zone: Standhaftigkeit, Erkennen (2. Chakra)

Die orange Zone ist ein Kapitel für sich, denn von hier aus wird alles gesteuert und beeinflußt, was mit Leben, Vitalkraft und Freude am Dasein zusammenhängt und damit ist dieses Gebiet eigentlich bei allen körperlichen und seelischen Beschwerden immer zu berücksichtigen und mit Farbenergie auszugleichen. Die Geisteskräfte der ***Standhaftigkeit*** und des ***Erkennens*** sind hier angesiedelt und stehen in Verbindung mit dem 2. Chakra.

Die Geisteskraft der Standhaftigkeit liegt zwischen Adrenalindrüsen und Lenden im Kreuzbereich. Sie beeinflußt die Widerstandskraft und das Durchhaltevermögen eines Menschen.

Hüftbeschwerden, Rückenleiden und Kreuzschmerzen äußern sich infolge eines verminderten Energiepotentials dieser Geisteskraft. Das Energiezentrum des Erkennens steht für die Beziehung zum Leben im allgemeinen. Es liegt in den Geschlechtsorganen. Das Wort »Leben« hat die Kraft, Zellen mit neuer Energie aufzuladen und damit die Vitalität zu fördern und den Alterungsprozeß zu verlangsamen.

Unser Körper besteht aus Abermillionen von Atomen. Im Mittelpunkt jedes Atoms leuchtet ein zentrales Licht, das von kleineren Lichtern fortwährend umkreist wird. Wenn man das Wort »Leben« positiv bejaht, legt man damit eine enorme atomare Energie frei und stärkt das Lebenspotential ganz gewaltig.

Die orange Zone wird vom 2. Chakra beherrscht und ihr wird die Funktion der Keimdrüsen zugeordnet.

Die Funktionen der Fortpflanzungsorgane, Eierstöcke, Prostata, Hoden, alle Körperflüssigkeiten wie Blut, Lymphe,

Verdauungssäfte, Sperma und die Beine werden von hier aus beeinflußt.

Sterilität, Impotenz, Beschwerden im Klimakterium lassen sich von dieser Zone aus mit der Farbenergie günstig behandeln. Man bestrahlt das Kreuz mit den beiden Komplementärfarben ***Orange*** und ***Blau*** im Wechsel, beginnt mit Blau und endet mit Orange, jeweils eine Minute, mindestens fünf Mal.

Rote Zone: *Entscheidung (1. Chakra)*

Die rote Zone hat die Aufgabe der Regulierung allgemeiner Lebensfunktionen und ist deshalb auch sehr wichtig bei der Farbtherapie.

Hier kann man ausgleichend und stimulicrend auf das Allgemeinbefinden einwirken, Energien zuführen und Spannungen harmonisch ausgleichen.

In diesem Bereich liegt die Geisteskraft der ***Entscheidung***, der auch die Bedeutung der Ausscheidung zukommt.

Negative Gedanken und Gefühle, sowie Fehlurteile und Kritiksucht äußern sich immer in einer Fehlfunktion der Ausscheidungsorgane. Das Wurzel-Chakra beherrscht diesen Bereich und steht mit den Nebennieren in Verbindung, in denen das Adrenalin und das Noradrenalin produziert wird.

Diese Drüsen kontrollieren die chemische Zusammensetzung der Körperflüssigkeiten und regeln den Temperaturausgleich im Körper.

Sie liegen unmittelbar am oberen Ende der Nieren. Von hier aus wird der Aufbau von Knochen, Wirbelsäule, Zähnen,

Nägel und vom Blut und dem Zellgewebe gesteuert.

Hier setzt man die beiden Komplementärfarben ***Rot*** und ***Grün*** ein und bestrahlt damit den verlängerten Rücken am Ende der Wirbelsäule.

Man beginnt mit Grün und endet mit Rot, im Wechsel von jeweils einer Minute pro Farbe, mindestens fünf Mal hintereinander. (Farbtherapiegeräte finden Sie im Bezugsquellennachweis)

Die Polarität der Komplementärfarben

Die Berücksichtigung der Geisteskräfte in den Energiezentren ist wichtig, weil sich daraus eine Parallele zu dem Funktionskreis herleiten läßt, für den sie verantwortlich sind, um dort durch die Farbenergien einen heilsamen Einfluß zu erhalten.

Farblich ist unser Körper so ausgerichtet, wie es den einzelnen Chakras und ihren zugehörigen Farben entspricht. Damit ist eine ausgleichende Wirkung auf alle Körperfunktionen möglich.

Wenn man die einzelnen Chakras in ihrer Funktion unterstützt und ihnen die entsprechenden Farbschwingungen zuführt, hat man eine ebenfalls ausgleichende Wirkung auf die jeweils entsprechenden Geisteskräfte, die auf diese Weise positive Energieimpulse zugeführt bekommen.

In den Schwingungen der Geisteskräfte liegen Energien verborgen, die das ganze Lebensprogramm eines Menschen umfassen. Das bezieht sich sowohl auf die fundamentalen Lebensfunktionen des körperlichen Bereichs, als auch auf die geistigen, feinstofflichen Funktionskreise, deren Aufgabe es ist, Charaktereigenschaften, Wesenszüge, Gefühle und Gedankenstrukturen energetisch aufzuladen und damit zu veredeln.

Die einzelnen Farbschwingungen haben aufgrund ihres ganz spezifischen Farbcharakters und den damit verbundenen chemischen Zusammensetzungen die Möglichkeit, sich auf die Ebene der Geisteskräfte einzuschwingen, um hier eine ausgleichende Funktion zu erfüllen, die darauf hinzielt, die atomaren Strukturen mit ihrem Farbkörper einzuhüllen, um ihnen damit eine »Färbung« zu vermitteln, die für eine ausgewogene Verhaltensweise förderlich ist. Damit können sie Körper, Geist und Seele eines Menschen ganz entscheidend beeinflussen.

Wie alles im Kosmos sind auch die Farben dem Gesetz der Polarität unterworfen, haben einen »warmen« oder »kalten« Charakter. Rot, Orange und Gelb sind »warme« Farben und entsprechen dem Energiefaktor Yang. Grün, Blau und Violett sind »kalte« Farben und entsprechen dem Energiefaktor Yin, obgleich nur Blau eine reine Yin-Farbe ist, da Grün und Violett durch die gelben und roten Anteile auch Yang-Qualitäten besitzen.

In der Farbe Indigo sind die Farbenpaare der Yin und Yang-Qualität dreimal enthalten und deshalb nimmt diese Farbe unter den Spektralfarben eine Sonderstellung ein.

Auf dieser Erkenntnis beruht die Therapieform mit den Komplementärfarben, wobei jeweils ein Farbenpaar Yin und Yang eingesetzt wird, um eine Harmonisierung in den Zellverbänden zu erzielen. Dadurch ist es möglich, ein Zuviel oder ein Zuwenig an Energie auszugleichen, um damit eine ausgewogene Polaritä im körperlichen Geschehen herzustellen.

Auf diese einfache, *völlig gefahrlose* und wirkungsvolle Art ist bei Energiestörungen das innere Potential sehr schnell wieder zu harmonisieren, und das bedeutet Gesundheit, Wohlbefinden und damit verbundene Vitalität und Lebensfreude.

Um die Wirksamkeit einer Farblichtbestrahlung voll zu gewährleisten, ist es unbedingt notwendig, mit Hilfe der Vorstellungskraft die jeweiligen Heilfarben auch über den Geist aufzunehmen, um sie auf diese Weise in das Bestrahlungsgebiet einfließen zu lassen. Damit sind Körper und Geist gleichermaßen von den Farbschwingungen beeinflußt und das wirkt sich sehr eindrucksvoll auf den Erfolg der Therapie aus.

Die Länge einer Bestrahlungsphase richtet sich im allgemeinen ganz nach dem eigenen Empfinden. Die hier angegebenen Empfehlungen stellen jedoch ein Minimum dar, das unbedingt erforderlich ist. Nach oben hin läßt sich die Bestrahlungsdauer beliebig verlängern.

Sollte eine Farbschwingung als unangenehm empfunden werden, so läßt sich das mit der Komplementärfarbe schnell wieder ausgleichen.

Farbenergien sind in ihrer Anwendung außerordentlich angenehm und schonend.

Gedankenformen und ihre Farben

Jeder Gedanke zeigt eine Wirkung und manifestiert sich in unterschiedlichen Farbschwingungen und Formen.

Dabei umhüllt er sich mit der adäquaten Schwingung, die ihm entspricht und versetzt diese in einen Schwingungszustand, der dem seinen gleicht und mit ihm harmoniert. Auf diese Weise gerät jeder Gedanke in Schwingung und erzeugt eine Farbe, die seinem Wesen entspricht. Wenn starke Emotionen unsere Gedanken aus dem Gleichgewicht gebracht haben, so gerät ihr Schwingungsrhythmus in heftige Bewegung und die ursprünglichen Farben verändern sich und werden je nach Stärke der Gemütsbewegung mehr oder weniger dunkel.

Das ist ein vorübergehender Zustand, der sich wieder normalisiert. Der feinstoffliche Astralkörper, der dadurch in Mitleidenschaft gezogen worden ist, nimmt seinen gewöhnlichen Zustand bald wieder ein. Der Nachteil dabei ist nur, daß jede gleichartige emotionell aufgeladene Gefühlswelle die Farbe des Astralkörpers immer mehr verdunkelt und damit seine Leuchtkraft zusehends schwächt.

Der Astralkörper hat die Aufgabe, den physischen Leib mit der Energie zu versorgen, die er braucht, um in der Lage zu sein, die Verbindung mit dem Energienetz des Universums aufrecht zu erhalten. Das vollzieht sich über das »feinstoffliche Energiesystem«, insbesondere über die sieben großen Energiezentren (Chakras), sowie über die kleineren Energiezentren, bis hin zur Energiestrahlung der Aura, die sich über den physischen Körper hinaus erstreckt. Astrale und physische

Materie durchdringt einander gegenseitig. Über die Chakras gelangen Energien aus höheren Dimensionen in den physischen Körper.

Jedesmal, wenn man sich einer bestimmten Gefühlswelle hingibt, gewöhnt sich der Astralkörper mehr daran, in diesem besonderen Rhythmus zu schwingen und verstärkt so die dazu in Resonanz stehende Farbe. Das bezieht sich sowohl auf liebevolle, harmonische Gefühle, als auch solche mit negativem, emotionellem Charakter. In jedem Fall verändert sich mit der Energiequalität des Ätherkörpers auch seine Farbe.

Wir sind von einer Vielfalt selbstgeformter Gedankenstrukturen eingehüllt, die uns mit ihren Farben und Schwingungen umgeben.

Je nach Qualität dieser »Gedankenwolken« erscheint uns die Welt strahlend, lichterfüllt, rosig und himmelblau, oder aber grau in grau, trüb, düster und farblos.

Die Farbskala der Gedankenformen weist unzählige Schattierungen auf und bewegt sich von einem trüben Karminrot bis hin zu den zartesten Nuancen von hellem Rosa.

Alle Farbtöne von Purpurrot bis Rosa weisen auf Gefühle der Liebe hin, wobei ein helles Karminrot eine starke, gesunde Gefühlsregung ausdrückt, während Blaßrosa auf selbstlose, edle Liebe hinweist, die sich von selbstsüchtigen Motiven gelöst hat.

Ist diesem Rosa ein Blauton beigemischt, so deutet das auf Gefühle von Nächstenliebe und Mitleid. Tiefes, verdichtetes Rot in allen Schattierungen bedeutet Ärger, Zorn oder auch grobe, sinnliche Leidenschaften.

Ein verdunkeltes Orange weist auf überhebliche, ehrgeizige, selbstsüchtige Tendenzen hin. Verschiedene Gelbtöne verdeutlichen Intellekt, Verstand und Einsicht, wobei ein trübes Ockergelb einen Mißbrauch dieser Geisteskräfte aufzeigt.

Ein strahlendes, helles Gelb weist hingegen auf einen selbstlosen Gebrauch der geistigen Kräfte hin, da die Vernunft höheren Zielen entgegenstrebt. Ein reines, zart glänzendes Grün deutet auf Mitgefühl und Herzenswärme hin. Während die grüne Farbe ganz allgemein die Anpassungsfähigkeit verdeutlicht, bedeutet Graugrün - Täuschung, Braungrün - Eifersucht, Hellbraun - Habsucht, Braungrau - Selbstsucht und ein tiefes, dunkles Grau Niedergeschlagenheit und Furcht.

Daran ist zu erkennen, daß Gedankenstrukturen eine starke Auswirkung auf unser feinstoffliches Energiesystem haben und daß sie damit auch unser Leben ganz entscheidend beeinflussen können.

Durch eine bewußte Kontrolle der Gedanken und Gefühlswallungen und vor allem auch der Worte, die damit in Verbindung stehen, ist es möglich, die Energiequalität des »Ätherkörpers« positiv zu verändern und damit gleichzeitig auch die Leuchtkraft seiner Farben.

Das wirkt sich sowohl auf das körperliche Wohlbefinden und das Gefühlsleben wohltuend aus, als auch auf die Ausstrahlung, die wir auf unsere Mitmenschen haben, und die sehr entscheidend dafür ist, ob uns Gefühle der Sympathie oder der Ablehnung entgegengebracht werden.

Die Aura und ihre Farben

Körperliche und seelische Vorgänge werden von elektrischen und elektromagnetischen Einflüssen begleitet, die über unseren Körper hinaus ihre Wirkung entfalten.

Diese feinstoffliche Ausstrahlung, die man Aura nennt, tritt mit unserer Umwelt in Verbindung und verändert sich mit dem Wandel unserer Gedanken und Gefühle. Damit löst sie Erscheinungen aus, die man üblicherweise mit den Sinnen nicht wahrnehmen kann, die aber dennoch wissenschaftlich bewiesen sind.

Dem russischen Forscher-Ehepaar Kirlian gelang nämlich die Entwicklung einer Methode, mit welcher dieses feinstoffliche Energiefeld nachgewiesen und photographisch dargestellt werden kann.

Mit dem sogenannten »Kirlianeffekt« ist es möglich geworden, diese bioenergetische Strahlung in einem Hochfrequenzfeld sichtbar werden zu lassen.

Dabei konnte ganz eindeutig bewiesen werden, daß diese sichtbar gewordenen Abstrahlungen eine Beziehung zum Befinden eines Menschen haben und daß es einen engen Zusammenhang zwischen energetischen Phänomenen und vorhandenen Irritationen im Organismus gibt.

Dieses energetische Umwelt weisen aber nicht nur Menschen auf, sondern auch Tiere, Pflanzen und ebenso anorganische Materie, wie zum Beispiel die Edelsteine.

Vom *British Colour Council* wurden die Farben der Aura untersucht und man entdeckte dabei eine erstaunlich große Anzahl von verschiedenen Farbtönen.

Bis jetzt wurden 1400 Blautöne, 1000 Rottöne, über 1400

verschiedene Schattierungen von Braun, über 800 von Grün, 550 von Orange, 360 Violette und 12 verschiedene Schattierungen von Weiß registriert.

Bei der Erforschung der Aura fand man heraus, daß diese ein mehr oder weniger eiförmiges Gebilde ist, das sich gewöhnlich dem Umriß des physischen Körpers angleicht, diesen jedoch um 10-30 Zentimeter überragt.

Die Aura jedes einzelnen Menschen ist ganz individuell beschaffen und gleicht damit keiner anderen. Sie ist einmalig!

Die farbige Vibration einer Aura spiegelt das Wesentliche vom Leben und Charakter eines Menschen wieder. Sie enthüllt seinen Gesundheitszustand, die Art seiner Gefühle und Emotionen und sein spirituelles Format.

Da Gedanken und Gefühle elektromagnetische Schwingungen auslösen, wird das uns umgebende feinstoffliche Energiefeld ununterbrochen davon beeinflußt. Mit der Veränderung der Schwingungszahl ist auch ein Wechsel der Farben in der Aura verbunden.

Sie spiegelt damit ganz genau das wider, was wir denken und fühlen, aber auch, wovon wir uns ernähren, wie wir leben und arbeiten. So zeigen sich beispielsweise übermäßiger Fleischkonsum, Alkohol, Nikotin oder Drogen in extremen Schwingungen und typischen Farben in der Aura.

Wenn die Gedanken und Emotionen ruhig, friedlich und liebevoll sind, dann werden sanfte, schöne und klare Farben in der Aura sichtbar und scheinen besonders leuchtend um den Kopf herum. Sobald jedoch negative Gedanken, Furcht, Depressionen oder Mißgunst aufkommen, schlagen die Farben der Aura in dunkle, trübe und schwere Töne um. Diese dumpfen, düsteren Ausstrahlungen rufen im Organismus mit der Zeit einen Zustand von Krankheit und Disharmonie hervor.

Wenn wir jedoch versuchen, aus unserem Herzzentrum heraus unseren Geist aufzurichten, damit er sich wieder über Probleme, Unruhe und Schwierigkeiten erheben kann, dann entzünden wir damit ein Licht, das vom Zentrum aus die trübe Dunkelheit zu durchleuchten beginnt. Leid und Kummer beginnen sich damit allmählich abzubauen und verschwinden schließlich ganz.

Fehlen bestimmte Farbschwingungen in der Aura, läßt das darauf schließen, daß bestimmte Probleme vorhanden sind.

Fehlendes Gelb oder Gold weist zum Beispiel auf bestehende Mißstimmungen oder Depressionen hin, fehlendes Rot auf mangelnde Lebensenergie und fehlendes Grün auf Unausgeglichenheit im ganzen Körper. Spannungszustände, Angst oder Trauer schlagen sich in graugefärbten Farbschattierungen nieder, Ärger und Zorn zeichnen sich in heftigem, dunklen Rot ab, während der Mißbrauch von Geisteskräften ein grelles Gelb entstehen läßt.

Negative Denkstrukturen verdeutlichen sich immer in »schmutzigen« Farbtönen in der Aura.

Die elektromagnetischen Prozesse in der Aura eines Menschen geben im wesentlichen auch Aufschluß darüber, ob man sich von jemandem angezogen oder abgestoßen fühlt.

Durch die Farblichtbestrahlung kann man die Energiequalität und die Farbintensität der Aura stärker, klarer und leuchtender werden lassen.

Auch Meditationen, Entspannungsübungen, positive Bejahungen oder Gebete bewirken eine enorme Verbesserung der Strahlkraft und Farbqualität unserer Aura.

Damit umhüllen wir uns mit einem leuchtenden Mantel, der uns wie ein Schutzwall umgibt und Widerstandskraft und Lebensenergie bedeutet.

Der silberweiße Lichtstrahl ist wegen seiner außergewöhnlichen Reinigungskraft sehr hilfreich bei seelischen Problemen und Alltagsschwierigkeiten.

Man kann seine Aura visuell mit diesem Silberstrahl »versiegeln«, um so einen Schutz um sie zu legen, und sie damit vor negativen, äußeren Einflüssen freizuhalten.

Wenn man versuchen möchte, die eigene Aura zu erkennen, dann bietet die Aurabrille* eine geeignete Hilfe, um sich den Zugang zu den feinstofflichen Ebenen zu erleichtern, was allerdings einige Zeit in Anspruch nehmen kann und gewisse Voraussetzungen auf mentalem Gebiet erfordert.

Farben der Aura und ihre Bedeutung

Rot in der Aura

In der ätherischen Aura haben die Rottöne die langsamste Schwingung, der mehrfache Bedeutungen zukommen.

Hell, klar und leuchtend steht Rot für Energie, Vitalität, Kraft und Zielbewußtsein. Es ist die Farbe, in welcher sich Liebe, sinnliche Empfindungen und Emotionen, die sich im Bereich der Seele verinnerlicht haben, klar zum Ausdruck bringen.

Ist das Rot jedoch verdunkelt, glanzlos, trüb oder grell, dann reicht seine Bedeutung von Streitsucht, Zorn, Egoismus und Haß, bis hin zu den sinnlichen Leidenschaften und niedrigen Instinkten. Rot mit einer starken Braunfärbung bedeutet

*siehe Bezugsquellenhinweise Seite 189

Angst, Verwirrtheit und Furchtsamkeit infolge selbstsüchtiger Motive wie Geiz, Habsucht und Besitzgier. Hingebungsvolle Liebe, die innig und opferbereit ist, strahlt in einem herrlich leuchtenden Rosarot, das Glück und Zärtlichkeit in sich trägt. Geistige Liebe (Agape) zeigt sich in einer wundervollen rosigen Nuance, der lilafarbene Töne beigemischt sind.

Orange in der Aura

Orange in seiner leuchtenden Form bedeutet Lebenskraft und Vitalität. Tendiert es mehr ins Rötliche, dann zeigt es eine gewisse Selbstsüchtigkeit, unbeherrschte Emotionen und Begierden auf. Blinder Ehrgeiz, Überheblichkeit und Stolz verdunkeln das Orange in der Aura, während Eitelkeit, Selbstgefälligkeit und Leichtsinn es deutlich trüben.

Gelb in der Aura

Die Gelbnuancen haben eine enge Beziehung zum Denken und verdeutlichen daher die geistigen Qualitäten wie Intelligenz, Vernunft, Einsicht und Weisheit.

Schönes, leuchtendes Gelb, das einen Goldschimmer in sich trägt, zeigt an, daß es zu einer Läuterung und Erhebung des Intellekts durch die Kraft des Geistes gekommen ist und dadurch zu einem Aufstieg in höhere Bewußtseinsdimensionen. Das äußert sich vor allem bei spirituell veranlagten Menschen, die sich in transzendale Ebenen emporgeschwungen haben und die einen hohen Entwicklungsgrad selbstlosen, spirituellen Denkens aufweisen.

Trübes, schmutziges und glanzloses Gelb weist stets auf eine niedere Gesinnung mit selbstsüchtigen und rücksichtslosen Motiven hin.

Grün in der Aura

Grün ist in seinen vieldeutigen Schattierungen eine für die Aura sehr aufschlußreiche Farbe.

Es ist in seiner klaren und leuchtenden Form ein Zeichen für sprudelnde Lebenskraft, gute Gesundheit, Harmonie, Friedfertigkeit und Naturverbundenheit.

Ein klares, leuchtendes Smaragdgrün ist als ein Zeichen von Anpassungsfähigkeit, Ausgleich, Stabilität und praktisch begabtem Denkvermögen anzusehen. Trübes, dunkles Grün weist hingegen auf extreme Selbstsucht, Schlauheit, Betrug und Unaufrichtigkeit hin.

Blau in der Aura

Blautöne entstehen durch religiöse Gefühle und intuitive Einsicht.

Helles Blau weist auf Inspirationen und auf die Hinwendung zu höheren Ebenen der Seinsbereiche hin, aber auch auf die Gabe des Heilens mit spirituellen Kräften, die aus Nächstenliebe selbstlos und hilfsbereit eingesetzt werden.

Wird das Blau tiefer und nimmt eine indigoblaue Färbung an, dann deutet das auf große Hingabe und Opferbereitschaft hin, die einer tiefempfundenen Religiosität und Gottverbundenheit entspringt. Blau mit einer braunen oder schwarzen

Färbung kennzeichnet eine Tendenz zur dunklen Seite der geistigen Welt, während trübes, schmutziges Graublau auf frömmelnde Heuchelei und Aberglauben hindeutet.

Violett in der Aura

Leuchtendes Violett dominiert im Aurabild, wenn edle Charakterzüge eine fortgeschrittene geistig-seelische Entwicklung verdeutlichen. Diese Farbe hat eine reinigende und isolierende Wirkung auf den Menschen. Eine Färbung, die in einen Lavendelton übergeht, spricht für ein selbstloses, mitfühlendes Wesen, das einen hohen Grad von Vergeistigung erreicht hat.

Braun in der Aura

Braun hat in der Aura einen negativen Aspekt, da es die Farbe ist, die am häufigsten in Verbindung mit körperlichen Krankheiten und Gebrechen sichtbar wird.

Aber auch negative Eigenschaften und Wesenszüge wie ausgeprägter Materialismus, Eifersucht und Geiz stehen mit glanzlosen, harten Braunschattierungen im Zusammenhang.

Ein warmes Goldbraun ist hingegen ein Zeichen von Fleiß und Arbeitseifer.

Grau in der Aura

Auch Grau ist eine negative Farbe in der Aura und weist auf einen schwerfälligen, konventionsgebundenen Charakter und einen Mangel an Vitalität hin, der oftmals mit Krankheit in Verbindung steht. Schwere, bleifarbene Grautöne verdeutlichen Niedergeschlagenheit, Angst und Verwirrung und weisen auf einen trägen, unzuverlässigen Wesenszug hin.

Schwarz in der Aura

Wenn die Aura von Schwarz durchwoben ist, so weist das auf eine Ablehnung des Lebens hin, die mit destruktiven Gefühlen wie Haß und Bosheit in Verbindung steht.

Sind in einer normalen Aura schwarze Färbungen vorhanden, so haben sie ebenfalls eine negative Bedeutung, da sie günstige Aspekte neutralisieren.

Weiß in der Aura

Weiß zeigt in der Aura völlige Integration an und weist auf die Fähigkeit zu transzendaler Vereinigung hin.

Es ist die Farbe des Christusbewußtseins, der spirituellen Vollkommenheit durch Erleuchtung, des »Ich bin« im Geiste der Erlösung.

Farbmeditation

Diese Art der Meditation ist eine außergewöhnlich energiespendende und hilfreiche Möglichkeit, seine inneren Kraftzentren zu mobilisieren, d.h. anzuregen oder zu entspannen.

Farben üben dabei einen sehr großen Einfluß aus, denn sie haben die adäquate Schwingungsfrequenz zu den sieben Energiezentren, die von unten nach oben betrachtet das gesamte Regenbogenspektrum umfassen und den menschlichen Körper energetisch versorgen. Den Sonnenstrahlen, als der ursprünglichsten Lebensquelle, entströmen die sieben Spektralfarben, die in ihrer Energiequalität so abgestimmt sind, daß sie regenerierend auf den menschlichen Organismus wirken können.

Dazu ist es notwendig, sein inneres Kraftpotential aufzuschließen, um mit Hilfe des Geistes den Energiezentren die jeweiligen Farben meditativ zufließen zu lassen.

Das geschieht folgendermaßen: Man begibt sich in die Stille und versenkt sich in sein Inneres. Tiefes, gleichmäßiges Atmen und eine aufrechte Rückenhaltung sind dabei Voraussetzung, um alle sieben Energiezentren mit dem Prana zu versorgen, das ihnen die Farbkräfte zufließen läßt.

Man beginnt beim 1. Chakra mit der Farbe ***Rot*** und verweilt im Geiste an diesem Punkt, der die Wurzeln des eigenen Lebens in sich trägt.

Es geht hier um die Frage des Lebens im eigentlichen Sinn, d.h. um die Bewältigung der Lebensaufgabe, Standfestigkeit, Vitalität und Durchsetzungsvermögen, aber auch darum, wie man seinem Leben gegenübersteht und welche Anliegen man dabei unterdrückt oder schmerzlich entbehrt.

Alle diese ursächlichen Lebensfragen beziehen sich auf das Wurzel-Chakra und können hier einer befriedigenden Lösung zugeführt werden.

Rot ist dabei die unterstützende Farbqualität in ihrer vitalen, durchdringenden Reizüberflutung, die sie auf das 1. Chakra ausübt.

Wenn das Wurzel-Chakra in einer harmonischen und dynamischen Weise schwingt, dann ist damit das Fundament für ein befriedigendes Leben in Gesundheit und Ausgewogenheit gelegt, denn dann ist der Mensch in der Lage, alle an ihn gestellten Aufgaben aus eigener Kraft heraus zu lösen, da er dafür die nötige Energie zur Verfügung hat.

Der »Lebensmotor« ist angeworfen und arbeitet damit einwandfrei - die Reise durch das irdische Leben kann beginnen.

Wenn alle Grundvoraussetzungen erfüllt sind, dann erhebt sich der Mensch zur 2. Stufe seines irdischen Planes.

Im 2. Chakra liegen die Funktionskreise, die zu seiner Fortpflanzung und zur Erhaltung seiner grundlegenden, körperlichen Lebensfunktionen gehören.

Hier ist die Farbe ***Orange*** eine dominierende Reizerscheinung, die einen großen Einfluß auf diese Lebensfunktionen nimmt, da sie einen vitalen Lebensquell in sich trägt, der hier eine große Bedeutung hat, um das 2. Chakra im vollen Ausmaß zum Schwingen zu bringen.

Es ist hilfreich, sich dieses 2. Energiezentrum als den »Lebensbrunnen« vorzustellen, dem die Versorgung mit lebensspendender Flüssigkeit zukommt, die der Mensch für seine Existenz braucht.

Diesem Chakra entströmt alles, was mit der Flüssigkeit im körperlichen Bereich zusammenhängt, dominierend und tiefgreifend, wie die Farbe Orange.

Es ist das Zentrum der Lebensfreude, weil von hier aus alles geregelt wird, was im nervlichen Geschehen diese Gefühle auslöst.

Ein feuriges Orange ist die Farbe des 2. Chakras und damit der Auslöser für sein einwandfreies, unbehindertes Schwingen.

Das 3. Chakra ist dem Sonnengeflecht zugeteilt und damit ist es die »zentrale Sonne«, im geistigen Sinn, denn von hier aus wird der gesamte, innere Ablauf geregelt, der die Lebensfunktionen der wichtigsten Organe bestimmt.

Gelb mit seiner Strahlenkraft ist die Farbenergie, die alles durchdringt, wärmt, belebt und lebensfähig hält. Die Energie des 3. Chakras strahlt in die Umgebung und bewirkt damit auch eine Beeinflussung derselben.

Das Orange des 2. Chakras und das Grün des 4. Chakras sind von der gelben Strahlenkraft durchdrungen und tragen somit auch die Energie dieser Primärfarbe in sich.

Das Herz-Chakra ist dem Gefühlsbereich des Menschen zugeordnet und hat damit die Bedeutung von Zuwendung im erweiterten Sinn, nämlich Zuwendung an Gefühlen, Lebensqualität, Sympathien und Fürsorge, sowohl im Geben als auch im Empfangen.

Grün, aber auch ***Gold*** und ***Rosa***, haben die Farbenergien, die das Gefühlsleben berühren und bewegen.

Wenn das Herz-Chakra ausgewogen schwingt, dann ist Glück, Zufriedenheit, Liebe und Ausgeglichenheit die Folge davon, und das »Tor zur Seele« ist weit geöffnet.

Das 5. Chakra beherrscht die Ausdrucksfähigkeit des

Menschen und wird beeinflußt von den Gefühlen die ihm aus dem Herzen zufließen und aus dem Intellekt, dem der Geist übergeordnet ist.

Blau in seiner besänftigenden, erhabenen und ätherischen Schwingung nimmt hier den bedeutenden Platz ein, um Herz und Verstand in einem Harmoniebestreben zu verbinden.

Dieses Zentrum ist das »Tor nach Außen« und damit repräsentiert sich hier der Ausdruck, die Sprache.

Ein leuchtendes Schwingen dieses Hals-Chakras gewährleistet eine gute Kommunikationsfähigkeit mit der Umwelt.

Der Mensch fühlt sich verstanden und wird verstanden. Hier liegt das Gefühl des Unverstandenseins dicht neben dem des machtvollen Ausdrucksvermögens und damit einer Verdeutlichung des eigenen Wesens.

Das 6. Chakra nimmt in der Energieverteilung eine ganz bestimmte Sonderstellung ein, da es in einer Farbqualität schwingt, die eine Vielfarbigkeit aufweist. Damit sind hier konzentrierte Reizerscheinungen am Wirken, die im Geiste des Menschen Gewaltiges auslösen können.

Sie öffnen das »Tor zum sensitiven Bewußtsein« und erschließen auf diese Weise den Zugang zu höheren, feinstofflicheren Sphären.

Geistige Führung und ein Überschreiten des irdischen Horizonts sind damit verbunden.

Das »Dritte Auge« schwingt in seiner adäquaten Farbenergie ***Indigo*** in überirdische Bewußtseinsebenen. Die Schranken irdischer Materie öffnen sich und gewähren Zutritt zu höheren, unvergänglichen, ewigen Werten.

Im 7. Chakra ist der Mensch an seinem Zenit angelangt und spirituelle Energien vereinigen sich in ihm mit dem Wissen um den »Göttlichen Funken« in seinem Wesen.

Violett ist in seiner feinstofflichen Reizauslösung die Farbenergie, die auf die Erweckung des Kronen-Chakras großen Einfluß nimmt, aber auch ein sonnendurchflutetes, strahlendes ***Weiß***, als das Zeichen des Christus-Lichts im Geiste der Erlösung.

In den 7 Energiezentren liegen die 7 Stufen zur Vollkommenheit der menschlichen Seele, die damit ihren Heimweg in die ewige Herrlichkeit antreten darf und die irdischen Fesseln immer mehr abstreifen kann, um in feinstofflichere, lichtere Gefilde hinüberzuwechseln - losgelöst von der Mühsal der Verstrickungen in irdischer Materie und den damit verbundenen, mitunter sehr schmerzhaften Lernprozessen, die aber im Hinblick auf die Erreichung des höchsten Ziels einen tiefen Sinn haben.

Die Visualisierung von Farben

Farben üben einen gewaltigen Einfluß auf die Psyche eines Menschen aus und können damit Erscheinungen nach sich ziehen, die in vielerlei Hinsicht eine eindrucksvolle Möglichkeit bieten, Geist und Seele zu beruhigen, oder so zu beeinflussen, daß damit ein Heilungsprozeß auf körperlicher Ebene eingeleitet werden kann.

Damit lösen sie eine Wirkung aus, die im Geistigen verankert ist und die sich auf die körperliche Ebene übertragen läßt. Mit Hilfe der Farbenergien können also Reizerscheinungen erzielt werden, die auf den Körper eine positive Wirkung haben sei es nun im Falle ernsthafter Erkrankungen oder psychischer Störungen.

All das sind Entgleisungen körperlicher Funktionen, die

mit Farbschwingungen ausgeglichen werden können. Dazu benötigt man in erster Linie Ruhe und die Erkenntnis der einzelnen Farbcharaktere, um damit geistig arbeiten zu können.

Mit Hilfe der Farbvisualisierung kann man ganz gezielt die jeweils benötigte Farbschwingung in eindrucksvoller Weise zu den erkrankten Körperteilen hinfließen lassen, damit sie dort ihre Wirkung entfalten kann.

Stellen Sie sich dabei vor, von der Energie der Farbe durchflutet zu sein. Nehmen Sie diese Farbe wie ein trockener Schwamm in sich auf. Atmen Sie die Farbe in sich ein und erleben Sie dabei, wie sie mit ihrer leuchtenden Strahlenkraft jede Zelle Ihres Körpers durchdringt und durchfließt, die genau diese Farbe, die Sie vor Ihrem geistigen Auge haben, für ihre normale Funktionsfähigkeit benötigt.

Mit jedem Atemzug wird diese heilsame Farbe immer leuchtender und kraftvoller. Sehen Sie, wie der kranke Bereich Ihres Körpers sich mit neuer Lebensenergie erfüllt und damit auch mit immer besserer Gesundheit und vollkommener Harmonie.

Die Farbenergie ist eine natürliche Kraftquelle für unseren Organismus und wir können sie jederzeit nutzen, wenn wir die Möglichkeit wahrnehmen, mittels unserer Vorstellungskraft die benötigten Farben in die Schmerzzentren fließen zu lassen. Kraftvolle, mit strahlendem Licht erfüllte, sonnendurchflutete, leuchtende Farben tragen gewaltige Heilkräfte in sich und gewähren damit eindrucksvolle Hilfen.

Rot, die Farbe für die Durchblutung und Energieversorgung, ist dazu geeignet, alle Krankheitserscheinungen auszugleichen, die auf einem ungenügenden Durchblutungseffekt beruhen und bei welchen das Energiepotential angeregt werden muß, um eine Normalisierung des inneren Strömungsgefälles herbeizuführen.

Orange ist eine kraftspendende, erhebende Farbenergie, die Schwung und Lebensfreude vermittelt und die Stimmung positiv beeinflußt.

Gelb trägt die strahlende Kraft der Sonne in ihrem Wesen und durchdringt damit jede Zelle, um sie mit Leuchtkraft zu erfüllen und in ihren Eigenschwingungen zu verstärken.

Grün ist eine erbauliche, erholungsfördernde Farbe, die dem Organismus Kraft zur Entspannung bietet, damit er seine Körperfunktionen regenerieren kann

Blau mit seinem beruhigenden, kühlenden und ausgleichenden Charakter wirkt besänftigend auf Überfunktion im körperlichen Geschehen und stellt mit seiner Heilschwingung den innerlichen Ausgleich wieder her.

Violett hilft bei der Stärkung und Entfaltung unserer geistigen Kräfte und unseres Vorstellungsvermögens, denn es wirkt fördernd auf unsere geistigen Ausdrucksmöglichkeiten, wie z.B. Intuition oder übersinnliche Wahrnehmungen. Mit Hilfe der einzelnen Farbeindrücke lassen sich also auf dem Weg der Visualisierung sehr eindrucksvolle Heilerfolge erzielen. »Der Geist ist ein großer Heiler«, sagte Hippokrates.

Geben Sie Ihrem Geist Gedanken von Gesundheit und Stärke ein und unterstützen Sie diese mit kraftvollen, lichtdurchfluteten Farbeindrücken, im Bewußtsein der heilsamen

Energien, die in den einzelnen Farben beinhaltet sind.

Verbringen Sie jeden Tag einige Minuten damit, sich in Gedanken Farben zufließen zu lassen, deren Heilkraft Sie gerade benötigen. »Baden« Sie in den leuchtenden Wassern der einzelnen Sonnenfarben. Ihre reinigende und heilende Kraft durchdringt und erfüllt Sie mit neuer Energie und Lebensfreude.

Ein wohltuendes, angenehmes Gefühl wird Sie dabei überkommen. Geist und Seele entspannen sich und lassen dem Körper damit die Heilkräfte zufließen, die er zur Regeneration und zur Wiederherstellung vollkommener Gesundheit benötigt.

Die Farbschwingungen, die einen gewaltigen Einfluß auf die psychischen Gesetzmäßigkeiten des Körpers haben, wirken dabei als sinnvolle und natürliche Unterstützung.

Leiten Sie in Gedanken die benötigte Farbenergie in Ihren Blutkreislauf, Gewebe, Zellen und stellen Sie sich dabei vor, wie diese leuchtende Energie durch Sie hindurchfließt, um den wunderbaren Heilmechanismus in Ihrem Körper auszulösen oder aus seiner momentanen Blockade oder Störung zu »erlösen«. Farben sind reine Informationsträger und mit ihren Energien sind sie in der Lage, eine »Erlösung« des inneren Heilmeisters in unserem Organismus zu bewerkstelligen, damit sich dieser dann auf natürliche Weise selbst heilen und regenerieren kann. Unser Körper hat nämlich einen wunderbaren Selbstheilungsmechanismus, der darauf abgestimmt ist, alles auszugleichen und zu harmonisieren, was ihm an schädlichen Einflüssen widerfährt. In seinem sehr dynamischen Buch »Mindpower« beschrieb John Kehoe in ganz eindrucksvoller Weise den Heilungsprozeß eines todkranken Jungen, dem die Ärzte nur noch einige Wochen Überlebungschance gaben. Er litt an einem bösartigen Gehirntumor und alle medizinischen Behandlungstherapien waren ohne Erfolg geblieben.

Die Visualisierungstechnik war die einzige Hoffnung, die in dieser aussichtslosen Situation noch geblieben war.

Mit seinen Geisteskräften stellte sich der Junge sein Immunsystem als besonders abwehrkräftig vor und betrachtete sein Gehirn als Sonnensystem und sein Geschwür als einen bösen Eindringling, den es zu bekämpfen galt.

Er selbst war in seiner Vorstellung der Führer einer Schwadron von Raumfliegern, die den Tumor bekämpften und schließlich besiegten.

Der Junge wandte diese Methode jeden Abend 20 Minuten lang an. Nach und nach erholte er sich und fühlte sich immer besser. Fünf Monate später konnten die Ärzte den Tumor nicht mehr feststellen - er war verschwunden und der Junge war vollkommen gesund. Diese wahre Geschichte ist ein Beispiel dafür, welche Macht der Geist eines Menschen hat und welche Wirkung damit zu erzielen ist.

Die Visualisierung von Farben ist eine geistige Technik, die Enormes zu leisten imstande ist, weil dadurch ein Kraftpotential freigesetzt werden kann, das in der Lage ist, eine vollkommene Heilung zu bewirken.

Um für sich selbst ganz deutlich herauszufinden, welche der Farbschwingungen man benötigt, ist es notwendig, sein Farbbewußtsein zu schulen und die einzelnen Eindrücke festzuhalten, die man beim Betrachten der Farben empfindet.

Die danach ausgewählte Farbe sollte man nun eine Weile auf sich einwirken lassen und sich völlig auf sie konzentrieren.

Um die Visualisierungstechnik leichter durchführen zu können, ist ein Farblicht sehr hilfreich, auf das man sich vor dieser Übung konzentrieren kann.

Dabei nimmt man die Farbe in tiefen Atemzügen in sich auf ruhig und gleichmäßig und fühlt sich nach einiger Zeit immer mehr in die Farbschwingung hineingehoben, die das Innere mit einer gewaltigen Farblichtfülle durchströmt und damit die charakteristische Eigenschaft der jeweiligen Farbe voll zur Entfaltung bringt.

Nachdem die Augen die Farbe einige Zeit deutlich wahrgenommen haben, schließt man sie, um sich besser konzentrieren zu können. Nun kann der Geist mit Hilfe der Vorstellungskraft die Farbenergien in die Körperbereiche leiten, in denen sie für eine Harmonisierung benötigt werden, und sie dort gezielt zum Einsatz zu bringen.

Dadurch wird es möglich, sich völlig zu entspannen, Alltagssorgen und psychische Belastungen auszublenden, um auf diese Weise innere Ruhe und Frieden zu finden.

Die Farbqualität schwingt nun durch das Gewebe, erfüllt es mit feinsten Energieströmen und leitet so den Heilungsprozeß ein.

Voraussetzung für den Erfolg dieser Visualisierungstherapie ist jedoch Regelmäßigkeit und Ausdauer.

Nehmen Sie sich dazu täglich 20 Minuten Zeit und halten Sie durch, bis ein sichtbarer Erfolg eingetreten ist. Sie werden staunen, welche wunderbaren Resultate Sie damit erzielen können!

Wunder des Lichts

Gedankenkräfte sind Strömungen, die durch die Gehirnzellen eines Menschen fließen und dort feinstoffliche Elemente niederschlagen, die sich in eine manifestierte Form verwandeln können, wenn die Kraft dieser Gedanken Atome spaltet, die eine natürliche Blockade darstellen in der Materialisierung und Realisation auf irdischer Ebene.

Dazu ist es notwendig zu verstehen, daß wir Menschen ein Licht in uns tragen, das dazu fähig ist, diese gewaltige Überwindung der Blockade zu bewerkstelligen, um damit in Höhen aufzusteigen, die jenseits einer irdischen Begrenzung liegen.

Das Licht im Inneren eines Lebewesens ist der »Göttliche Funke«, der dieses Wesen beseelt und aus dem Staub der irdischen Begrenzungen erhebt.

»Laßt das Licht leuchten« ist bereits ein biblisches Wort, das darauf hinweist, daß in der Seele eines Menschen eine Macht verborgen liegt, die Großes zu vollbringen imstande ist.

Diese Macht liegt in der Leuchtkraft des Lichts, welches die Materie durchdringt und welches die Materialisierung überwinden kann, um daraus neue, schöpferische Ideen und Pläne zu verwirklichen.

»Wundererscheinungen« nennt man solche Phänomene, die das Überwinden der Materie bescheinigen und die durch die Kraft des Geistes in Verbindung mit der gewaltigen Leuchtkraft, zu der ein Mensch befähigt ist, diese »Wunder« auslösen.

Damit ist es möglich, sein Leben in eine gewaltige, schöpferische Phase zu leiten, die in dieser Wunderkraft ihre reelle Erfüllung finden kann, wenn der Geist sich mit Hilfe der Leuchtkraft des Lichts aus materiellen Begrenzungen befreit und zum Licht emporschwebt, um sich mit diesem zu verbinden.

Die Überwindung der Materie durch den Geist bedeutet eine Leuchtkraft des inneren Lichts, die dazu fähig ist, die Schwerkraft zu überwinden und in diesem Wort ***überwinden*** liegt das eigentliche Problem menschlicher Daseinsform, denn es ist ***die*** Lebensaufgabe, die eine Lösung verlangt und die nach ihrer Erfüllung drängt.

Licht bedeutet also Leben und mit Licht ist es auch möglich, dieses Leben zu veredeln und aus den dunklen Gefilden materieller Begrenzungen und Belastungen zu erheben.

Dieses Kapitel möchte ich deshalb hier anfügen, um ganz deutlich aufzuzeigen, daß es möglich ist, mit der Kraft des Geistes und der Energie des inneren Lichts, das wir in jedem Atom unseres Körpers zum Leuchten bringen können, eine Situation in unserem Leben herbeizuführen, die man »Wunder« nennt und die auch ein Wunder darstellt, im Sinne der göttlichen Gnade, die damit in jedem von uns eingebettet liegt und die wir einbeziehen dürfen in unser menschliches Dasein, das dadurch eine Leuchtkraft erfährt, die Glück und Zufriedenheit im Herzen auslöst und ein unbeschreibliches Gefühl der Freiheit und schöpferischen Kraft, die damit zum Tragen kommt, da sie aus der Dunkelheit »erlöst« ist und in lichten Gefilden ihre Erfüllung gefunden hat.

Geist ist Energie und Licht ist ebenfalls Energie. Gemeinsam bilden sie ein gewaltiges Kraftpotential, das wir in unserem Leben als geistige, allgegenwärtige Hilfe zur Verfügung haben, wenn wir uns dessen bewußt sind und die auslösende Kraft freisetzen, die in unserem freien Willen liegt.

Mit dem Willen ist ein Mensch nämlich in der Lage, gewaltige, geistige Bewegungen auszulösen - und damit auch »Wunder«, denn diese Wunderkraft liegt in jedem von uns und ist mit der Geisteskraft des Glaubens verknüpft, die gleichbedeutend ist mit der Leuchtkraft des inneren Lichts.

»Laßt das Licht leuchten« bedeutet, die innere Blockade düsterer Gedanken und negativer Gefühle zu überwinden, im

Bewußtsein einer inneren Energie, die dazu die Kraft gibt, wenn der Wille vorhanden ist, der gleichsam als Kraftstoff dient, um damit die hohen Ziele erreichen zu können.

Die Leuchtkraft des inneren Lichts kann man gezielt und sehr nachhaltig selbst beeinflussen, stärken und leuchtender gestalten, indem man dieses positiv bejaht und damit seinen Glauben daran stärkt und festigt.

Die geistigen Atome verdichten sich so zu einer geballten Energie, die eine Durchschlagskraft erreichen kann, die in einem spontanen »Wunder« ihre glanzvolle Erfüllung findet.

»Es werde Licht!«

»Ich bin ein strahlendes Kind Gottes und wandle im Licht.«

»Ich umgebe mich mit reinem, weißen Licht, das mich schützend einhüllt und aus dem nur Gutes in mein Leben fließt.«

»Jede Zelle meines Körpers ist erfüllt mit strahlendem Licht.«

»Ich bin das Licht meiner Welt.«

Diese Lichtgedanken, in die man sich geistig einhüllt und in denen man sein ganzes Wesen badet, lösen jede Finsternis um einen herum allmählich auf und man fühlt, wie man immer mehr immun wird gegen Verletzungen und Anfeindungen von außen und daß alle dunklen Schatten irdischer Kümmernisse dahinschwinden.

Lichtgedanken sind positive Bejahungen, die diese auslösende Kraft des Geistes in sich tragen und die dazu befähigt sind, gewaltige Erscheinungen freizusetzen, die allein mit dem Willen und dem nüchternen Verstand niemals zustandegekommen wären, ohne Zuhilfenahme des inneren Lichts, das der einzig wirkungsvolle Auslöser für »Wunder« ist.

Man kann sein Leben damit in eine ruhige, friedliche Bahn

leiten, im festen Bewußtsein der schöpferischen Kraft, zu der man mit Hilfe des bewußten geistigen Einsatzes von Licht - das im »Göttlichen Funken« liegt und das in jedem Menschen seine Wirksamkeit hat - die Macht selbst in den Händen hält.

Durch das bewußte, regelmäßige Wiederholen lichtvoller Gedanken, Wünsche oder Vorstellungen kann man eine Kraft auslösen, die an die Grenze menschlichen Verstehens reicht, weil sie etwas von überirdischen, kosmischen Energien in sich trägt, die auf diese Weise einfließen in ein Leben, das sich nach dem ***Licht*** ausrichtet.

Ich Prisma bin ins Licht gestellt,
zum Zeugnis einer besseren Welt,
die aus der Dünste trübem Netz,
erkennet Gott und Sein Gesetz.

Goethe

Schlußwort

Ich möchte dieses Buch mit einem alten, orientalischen Märchen beenden, das eine große Weisheit in sich trägt und das die Bedeutung des Lichts, des »Göttlichen Funkens« in uns, versinnbildlicht.

Die alten Götter hielten Rat darüber, wo sie die große ***Kraft des Universums*** verstecken sollten, damit sie der Mensch in seiner Unkenntnis nicht finden und zerstören könne.

Ein Gott sagte: »Laßt sie uns auf die höchste Spitze der Berge verstecken.« Aber sie kamen zu der Erkenntnis, daß der Mensch die höchsten Berge überwinden würde, um sie dort zu suchen.

»Wir wollen sie auf den Meeresgrund legen«, sagte ein anderer und wiederum kamen sie alle überein, daß der Mensch auch die Tiefen der Meere überwindet, um sie dort zu finden.

Schließlich schlug ein anderer vor: »Laßt uns die große ***Kraft des Universums*** in die Mitte der Erde verstecken.«

Aber auch da waren sie sich alle darüber einig, daß der Mensch auch diese Bereiche eines Tages erobern würde, um diesen Schatz zu bergen.

»Ich weiß, was zu tun ist«, sagte nach geraumer Zeit der Weiseste unter ihnen.

»Wir verstecken die große ***Kraft des Universums*** im Menschen selbst. Wenn er daran denkt, sie in seinem eigenen Herzen zu suchen, dann ist er würdig, sie in Empfang zu nehmen, um sich an ihr zu stärken.«

Und sie versteckten die große ***Kraft des Universums*** im Menschen selbst und dort liegt sie immer noch, um sich demjenigen zu offenbaren, der ernsthaft nach ihr sucht und dieses Kleinod zu bewahren und zu würdigen weiß.

Die große ***Kraft des Universums*** ist das ***L i c h t***, das uns mit seinen kosmischen Energien erfüllt und das für uns einen unermeßlichen Reichtum bereithält.

Wenn wir es aus unseren seelischen Tiefen hervorholen, dann ist es dazu in der Lage, mit seiner gewaltigen Leuchtkraft unser irdisches Dasein zu vergolden und mit Kraft und Stärke zu erfüllen.

Lichterfüllte Gedanken

Je häufiger unsere Augen lichtwärts blicken, desto zahlreicher werden unsere »lichten« Augenblicke die Zeiten hilfreicher Eingebungen, die Gaben von innen sind.

K.O. Schmidt

Wer Gott aufgibt, der löscht die Sonne aus, um mit einer Laterne weiter zu wandern.

Chr. Morgenstern

Eine universale Seele durchdringt alles; sie ist ihrem Wesen nach dem Lichte ähnlich.

Pythagoras

Das Licht vom Himmel läßt sich nicht versprengen, noch läßt der Sonnenaufgang sich verhängen, mit Purpurmänteln oder dunklen Kutten.

Nikolaus Lenau

Die Sonne ist die Universalarznei aus der Himmelsapotheke.

A. von Kotzebue

Es ist unmöglich, daß ein Mensch in die Sonne schaut, ohne daß sein Angesicht hell wird.

F. von Bodelschwingh

Dein tägliches Quantum Sonnenschein mußt du dir täglich selbst verdienen.

H. Sudermann

Ein Sonnenschein reicht hin, um viel Dunkel zu erhellen.

Franz v. Assisi

Soweit die Sonne scheint, soweit erwärmt sie auch.

Goethe

Farbe ist der eigentliche Prüfstein der Realität.

Aldous Huxley

Farben sind Taten des Lichts, Taten und Leiden.

Goethe

Literaturverzeichnis

»*Goethes Farbenlehre*« Goethes sämtliche Werke, 32.-36. Band, Reclam Verlag, Leipzig

»Heilkräfte der Farben« Prof. L. Eberhard, Drei Eichen Verlag München 1984

»***Das Chakra-Handbuch***« S. Sharamon u. Bodo J. Baginski, Windpferd-Verlag Aitrang, 12. Auflage 1991

»Eine Heilweise des Neuen Zeitalters« Brenda S. Johnston, Opal Verlag, München 1983

»***Mensch und Farbe***« Heinrich Frieling, Heyne Verlag München, 1988

»***Die Heilungsgeheimnisse der Jahrhunderte***« Catherine Ponder, Peter Erd-Verlag München 1982

»Das große White Eagle Heilungsbuch«, Aquamarin Verlag, Grafing 1988

»***Praktisches Handbuch der Farbpuntur***« Peter Mandel, Energetik Verlag, Bruchsal 1986

»***Die Kunst spirituellen Heilens***« Keith Sherwood, Bauer Verlag Freiburg 1984

»***Gedankenformen***« C.W. Leadbeater, Bauer Verlag Freiburg

»***Gut bestrahlt***« Ulrich Wiese, Verlag T. Marczell München 1982

»***Die Geheimnisse edler Steine***« Ursula Klinger-Raatz, Windpferd Verlag, Aitrang, 10. Auflage 1991

»***Farb-Form-Text***« Max Lüscher, Color-Test-Verlag Luzern 1979

»***Der heilende Regenbogen***« Ralph Tegtmeier, Edition Schangrila, Haldenwang 1985

»Mindpower« John Kehoe, Windpferd Verlag, Aitrang 1989
»Anatomie und Physiologie des Menschen« Dr. Hans Moser, Franz-Sales-Verlag Eichstätt 1968
»Handbuch der heilenden Energien« W.M. Hulke, Windpferd Verlag Aitrang, 3. Auflage 1992

Bezugsquellenhinweis

Die in diesem Buch erwähnten Hilfsmittel werden im Fachhandel, aber auch von Versandfirmen angeboten. Die Adressen werden ständig aktualisiert. Mittels eines frankierten und adressierten Rückumschlags können sie beim Verlag angefordert werden.

Windpferd Verlagsgesellschaft
Stichwort »Farben Heilbuch«
Postfach
D-87648 Aitrang

Waltraud-Maria Hulke

Handbuch der heilenden Energien

Die praktische Anwendung der heilenden Energien von Gedanken, Farben, Edelsteinen, Chakren und Pflanzenkräften · Mit vielen Rezepten und Anleitungen für Heilung, Ernährung und Schönheit

Das „Handbuch der heilenden Energien" ist eine umfassende Anleitung zur Entdeckung und praktischen Anwendung subtiler Energien, die unser gesamtes Sein, die innere Harmonie, unsere Gesundheit, unsere Vitalität und Wohlbefinden in entscheidender Weise beeinflussen. Das „Handbuch der heilenden Energien" ist ein unentbehrlicher Ratgeber für jeden, der sich mit ganzheitlichen und feinstofflichen Heilmethoden beschäftigt.

272 Seiten, DM 24,80, SFr 23,00
ÖS 181,00 ISBN 3-89385-066-X

Waltraud-Maria Hulke

Das Farben Energiebuch

Farbtherapie – die Heilmethode der Zukunft · Heilschwingungen der Farben, Farb-Meridiane, numerologische Farbfindung, Farböle, Farbdüfte, Energieausgleich mit Farben u.v.m

Ein ganz und gar praktisches Buch, das zeigt, daß Farben Energien sind, die wir in vielen Lebensbereichen aktivieren und nutzen können. Es zeigt viele neue Aspekte, die in dieser Form bislang noch nicht erforscht und beschrieben wurden, und schlägt den Bogen von der asiatischen Akupunkturlehre bis zur modernen Farbtherapie. Farben beeinflussen unser Leben ja noch viel mehr, als man gemeinhin glaubt. Ihre subtilen Schwingungen berühren Körper, Seele und Geist gleichermaßen, können aufregen oder beruhigen, den Verstand ein- oder ausschalten, wärmen oder kühlen, reizen oder lindern, sogar Wunder bewirken.

222 Seiten, DM 19,80, SFr 19,00
ÖS 145,00 ISBN 3-89385-095-3

Alex Jones

Die Geheimnisse der Farben

Wie Farben wirken, heilen, harmonisieren und stimulieren · Eine praktische Anleitung, Farben bewußt anzuwenden

Das gesamte Bewußtsein und speziell die Gefühle verändern sich durch Farbschwingungen. Und die Aura, die den Körper des Menschen umgibt, strahlt in Farbschwingungen, die dem jeweiligen Bewußtsein entspricht.
Licht durchdringt jede Zelle des Körpers, tränkt sie mit seiner Schwingung.
Alex Jones zeigt uns, wie wir mit Farben bewußter leben und unser Leben durch bestimmte ausgewählte Farben verändern können, indem wir Farbschwingungen visualisieren und Farben in unserer Umgebung, in Kleidung, Nahrung u. a. bewußt und auf individuelle Bedürfnisse abgestimmt einsetzen.

208 Seiten, DM 19,80, SFr 19,00
ÖS 145,00 ISBN 3-89385-085-6

Waltraud-Maria Hulke

Erzengel lichtvolle Helfer

Eine Einweihung in die Liebe und das Licht der Erzengel

In diesem Buch finden sich viele wertvolle Anregungen, wie wir die Erzengel einladen können, uns durch unser Leben zu begleiten, um auf diese Weise ihre helfenden Hände zu spüren.
Dazu zählen unter anderem das Materialisierungs-Ritual, das Zeremoniell einer Wunsch-Realisierung, Anleitungen zur Harmonisierung des Chakra-Systems, die Magnetisierung des feinstofflichen Kraftfeldes, sowie die Energieanhebung mit Hilfe der Tagessiegel, Edelsteine und Töne. Den Ausklang bildet eine wunderschöne, kraftvolle Erzengel-Meditation.

144 Seiten, DM 19,80, SFr 19,00
ÖS 145,00 ISBN 3-89385-171-2

Shalila Sharamon · Bodo J. Baginski
& Merlin's Magic

Chakra Meditation

Eine akustische Reise nach innen zu den Zentren der Kraft

Die Chakra-Meditation entführt den Zuhörer mit subtilen Klängen und inspirierenden Texten in seine inneren Welten. Die Kompositionen, die Töne, die Instrumentierung und die fein in die musikalische Struktur eingewobenen Naturklänge sind ein faszinierendes und inspirierendes Werk, das in der Welt der meditativen Musik neue Maßstäbe setzt.
Kassette einlegen, zurücklehnen, entspannen, zuhören. Und schon beginnt ein faszinierendes Abenteuer, eine Reise nach innen, zu den Zentren der Kraft.

Begleitkassette zu:
„Das Chakra-Handbuch"
MC (ca. 46 Min.) Text und Musik
in Buchbox mit Begleitheft

DM 29,80, SFr 27,50, ÖS 218,00
ISBN 3-89385-060-0

Shalila Sharamon · Bodo J. Baginski

Das Chakra-Handbuch

Vom grundlegenden Verständnis zur praktischen Anwendung · Eine umfassende Anleitung zum Harmonisieren der Energiezentren durch Klänge, Farben, Edelsteine, Düfte, Atemtechniken, Naturerfahrungen und Reflexzonen

Dieses Buch bietet eine umfassende Anleitung zur Harmonisierung unserer feinstofflichen Energiezentren. Das Wissen um die Chakren vermittelt uns tiefe Einsichten über die Wirksamkeit der subtilen Kräfte im menschlichen Organismus. Zur praktischen Chakra-Arbeit beschreibt das Buch präzise eine Fülle von Möglichkeiten: die Anwendung von Klängen, Farben, Edelsteinen, Mantren und Düften mit ihren spezifischen Wirkungen auf die einzelnen Energiezentren, ergänzt durch verschiedene Meditationen, Körperübungen, Atemübungen und Naturerfahrungen. Ein reich illustrierter esoterischer Bestseller.

256 Seiten, DM 24,80, SFr 23,00
ÖS 181,00 ISBN 3-89385-038-4